Mon Essence-Ciel

« Symboles et divination »

L'AUTEUR :

Femme, Médecin, ayant pour quête la Connaissance de l'Homme dans sa dimension hollistique, je vous livre ici vingt-cinq ans d'observation, de découverte de l'Autre, dans sa rencontre la plus banale à la plus extrême.

Ces expériences m'ont permis de soulager la Détresse sous toutes ses formes, en reconnaissant chaque être dans son essentiel et dans son essence-Ciel.

ISSN : 0763-8566
ISBN : 2-7033-0601-6

Marie Violette

Mon Essence-Ciel

Dangles
DEPUIS 1926
EDITIONS

18, rue Lavoisier - BP 30039
45 800 ST-JEAN-DE-BRAYE
www.editions-dangles.com

DANS LA MÊME COLLECTION

Astrologie, clé des vies antérieures, Irène Andrieu.
Comment interprétez vos rêves, Nerys Dee.
Comment on lit dans la main, Papus.
Initiation pratique au tarot, Claude Darche.
Initiation pratique au tarot égyptien, Claude Darche.
Kumalak, Didier Blau.
La cartomancie pour tous, Joanne Leslie.
La face cachée des lettres, Philippe de Louvigny.
La magie traditionnelle, Jean-Jacques Gabut.
La numérologie créative, Colette Le Floch.
La pratique du tarot, Jean-Pierre Bayard.
Le message des prophètes, Jean-Paul Bourre.
Le mystère des nombres, Lucien Gérardin.
Le tarot de Melle Lenormand, Claude Darche.
Le tarot des bohémiens, Papus.
Le tarot divinatoire, Papus.
Le tarot d'Oswald Wirth, Daniel Céa.
L'Oracle de Belline, Claude Darche.
Les grandes destinées d'après l'astrologie hindoue, Pascal Moriset.
Les nombres, reflet de l'âme, clé du devenir, Philippe de Louvigny.
Les 13 pantacles du bonheur, Jean-Pol de Kersaint.
Le yi-king au quotidien, Simone Berno.
Magie et initiation en Egypte pharaonique, René Lachaud.
Manuel de radiesthésie, René Lacroix-Henri.
Portraits astro-numérologiques, Philippe de Louvigny.
Prévisions astrologiques pour le nouveau millénaire, André Barbault.
Radiesthésie moderne, Antoine Luzy.
Tarot et psychologie des profondeurs, Simone Berno.
Tirages et interprétations du tarot de marseille, Claude Darche.
Tout par la radiesthésie, Jean-Pol de Kersaint.
Toute la numérologie, Jean-Pol de Kersaint.
Traité méthodique de magie pratique, Papus.
Une vision inédite de votre signe astral, en 12 volumes (un par signe), Aline Apostolska.
**Vos rêves d'amour*, Nicole Gratton.

nouveautés 2005

Je dédie ce livre à FRANÇOIS,
mon compagnon de route,
il m'a grandement aidée dans
mon cheminement.

Marie Violette.

Introduction

Ce livre vous propose une méthode simple, pratique, rapide, efficace et facile à mettre en œuvre.

Cette méthode a pour objectif de vous faire découvrir l'être Lumineux qui est en vous...
VOTRE ESSENCE-CIEL !

Cette méthode utilise l'Image, via les arcanes majeurs du Tarot... « *parce qu'une image vaut dix mille mots* » (Lao Tseu), utilise les chiffres de votre date de naissance, parce que Dieu créa l'univers avec poids et mesures, utilise les 22 lettres de l'alphabet hébraïque comme nous avons 22 paires de chromosomes pour écrire notre vie.

Ces 22 paires de chromosomes font de chacun d'entre nous un être Unique et Irremplaçable.

Chapitre 1

La philosophie de la méthode

Médecin depuis plus de vingt ans, j'accompagne mes patients dans leurs souffrances et leurs bonheurs,

Dans leurs deuils et leurs renaissances à travers les épreuves et les cadeaux de leur vie.

J'ai posé dans ce livre, des principes de Vie qui m'ont parus évidents tout au long de cet accompagnement :

1. L'homme est un être PENSANT ET AGISSANT, doté d'un POTENTIEL EVOLUTIF IMMENSE.

2. Ce potentiel (Pote-en-ciel !) évolutif lui permet de RETOURNER A SA SOURCE qui est de nature Divine... donc L'AMOUR ; ce pote-en-ciel fait de lui une créature bonne dans son Essence.

3. Cette créature, bonne par essence, est dotée de LIBERTE, de la nécessité de choisir entre l'Ange et la Bête qui sont en lui. Elle a possibilité, en toute liberté, d'évoluer vers le Divin, celà au plus profond de son cœur : l'essentiel... son Essence-Ciel, ou d'involuer vers le Démon, le pouvoir et l'égocentrisme, au mépris du bien-être d'autrui. Le sentiment de bien-être ne se trouve que dans l'Amour, le pardon et la générosité ; un visage souriant en témoigne. Au contraire, le repli sur soi, l'avarice, la colère, la jalousie, la méchanceté... confinent à l'isolement et à l'enfer-me-ment. Il faut donc cheminer pour arriver à dépasser les pulsions égocentriques du petit moi ; elles conduisent au dessèchement du cœur, à la poussière.

4. Pour se convaincre de sa nature Divine, pour savoir quelles sont ses capacités, l'homme SE CHOISIT DES TESTS, des épreuves... comme on passe des tests d'embauche, ou des examens à l'école. Ces tests sont réunis en un SCENARIO de VIE... La Vie est un jeu de rôles ! L'Ame le prépare avant son incarnation. Elle détermine le pays, (la planète, pourquoi pas ?), l'ethnie, la ville, la famille, dans lesquelles il va vivre son incarnation, et qui vont lui proposer un tissu évolutif. Ses parents seront des parents nécessaires à la construction de sa personnalité... et non ceux qu'il aurait désirés, mû par des pulsions égocentriques. On comprend, de ce fait, les tensions entre parents et enfants, et la genèse des multiples conflits explicités par les psychothérapeutes de toute sorte. Les parents remplissent le rôle de guide pour l'enfant ; les personnes qu'il rencontrera seront des miroirs à ses propres comportements, afin qu'il prenne conscience, chez elles, de ses propres qualités et défauts. Les épreuves de la vie sont toujours porteuses de cadeaux infiniment grands, à la dimension de l'Amour Divin. Ce que nous désirons ne fait pas forcément notre bonheur, sachons le reconnaître.

Quand, au moment du passage dans l'au-delà, chacun fait une rétrospective des événements qui ont marqué sa vie, il constate toujours la même chose : leur enchaînement aboutit à ouvrir le cœur et à élargir la capacité d'aimer.

5. Pour vivre ce scénario, il se choisit UN CORPS, UNE FORME.

Ce corps se compose de plusieurs parties :

un corps SPIRITUEL, perçu à ce jour par certains voyants, comme une bulle de savon, sphérique, entourant notre corps physique, délicatement irisée ; son diamètre atteint une à deux dizaines de mètres. Il est appelé : « corps causal, ou corps mental supérieur ». Il est, en quelque sorte, le corps physique de notre Ame. Il nous est donné le premier parmi nos cinq corps actuellement perceptibles. Il est le siège de l'intuition, la voie de l'Ame. Il relie au plan cosmique, assimilé à l'inconscient collectif de JUNG. Il contient les causes de notre incarnation. Notre Ame est immortelle. Le corps CAUSAL, pour la race humaine actuelle, est immortel.

un corps MENTAL ou mental inférieur, siège de la raison, de l'intellect. Il nous permet de réfléchir et d'analyser. De forme ovoïde, il est contenu dans le précédent, son diamètre est aux alentours de huit mètres. Ses couleurs sont plus vives.

un corps ASTRAL, ou émotionnel, siège de nos affects et de nos désirs. Il nous permet de rêver, endormi ou éveillé. Contenu dans le précédent, il a la même forme ; ses couleurs sont plus denses et plus faciles à percevoir. Elles varient d'un instant à l'autre, reflétant l'état émotionnel du sujet. Ce corps n'est pas toujours collé au corps physique ; son déplacement, partiel ou total, est source de malaise.

Son diamètre est d'environ quatre à cinq mètres.

un corps ETHERIQUE, double exact du corps physique. Seule la mort l'en sépare. De couleur blanc bleuté, il a une dizaine de centimètres d'épaisseur ; il est perçu sur toute la surface du corps physique. Il le nourrit. Par son intermédiaire, Dame Nature régénère le corps physique.

Ces corps sont invisibles. Seul, le corps physique est visible.

Ce corps PHYSIQUE est la seule forme que la plupart des êtres humains perçoivent aujourd'hui. Il permet d'exprimer tous les autres corps et, ainsi, de faire des expériences : la relation avec l'extérieur, la communication avec autrui par la parole, la différenciation entre le Moi et le Non-Moi. Il sertit la créature dans l'espace et le temps. Il lui permet de vivre l'incarnation, voie du retour au Divin.

Tous ces corps sont mis en place successivement. On le comprendra par l'étude des lames du Tarot.

6. Ainsi conçu, l'homme utilise son enveloppe périssable, mortelle (corps physique, corps éthérique, corps astral, corps mental), ses quatre corps, pour expérimenter l'Amour infini de Dieu. Par le même chemin, il développe le Cinquième, animé par le feu de L'Esprit.

La voie de l'incarnation le fait grandir, en toute liberté. Les largesses et l'Amour du Créateur sont infinis :

Pourquoi ne pas nous octroyer plusieurs scénarii... PLUSIEURS VIES... les leçons devant être répétées pour être apprises...

◈ POURQUOI AVOIR CHOISI de se référer à la DATE DE NAISSANCE ?

L'Ame, avant son incarnation, détermine son scénario de vie et l'INSCRIT DANS SA DATE DE NAISSANCE...

Car « Dieu créa l'univers avec poids et mesure, les nombres et les lettres »... Tout l'univers est pesé, mesuré, inscrit dans des systèmes de fonctionnement mathématique, accessibles à la logique humaine. Dieu se laisse percé dans ses mystères, Il se propose accessible dans sa grandeur. Il ne tient qu'à nous de Lui dire OUI.

Il s'agit, pour chacun de vous, de prendre contact avec vos potentiels (pote-en-ciel) à travers les chiffres de votre date de naissance.
Son décryptage vous aidera à savoir :

1. Qui vous êtes,

quels sont vos buts, quelles sont les causes de votre incarnation
comment atteindre votre réalisation personnelle.

2. Qui est l'autre,

pourquoi vous le rencontrez maintenant,
que vous apporte-t-il,
que lui apportez-vous ?

3. Comment se manifeste le spirituel dans votre vie,

comment reconnaître les cadeaux du Ciel
comment vivre une forme de sérénité.

◈ POURQUOI LE TAROT ET LES LETTRES HEBRAÏQUES ?

Les 22 lames ou Arcanes Majeures du Tarot peuvent être associées aux 22 lettres de l'alphabet hébraïque.

Une image véhicule une énergie... Une image vaut dix mille mots... Le Tarot raconte les principes de la Vie, mis en images... comme d'un jeu.

Si on met en rapport une image, (chaque lame de Tarot) avec un chiffre (le numéro de la lame) et une lettre, (celle de l'alphabet hébraïque) on comprend aisément que « Dieu créa l'univers avec poids et mesures »... La Création devient accessible à notre compréhension... Notre vie se déroule devant nos yeux émerveillés ainsi qu'une bande dessinée avec son et lumière.

L'utilisation de ces trois principes associés nous permettra de prendre conscience de l'aspect trinitaire de notre personnalité : corps, âme, esprit. En étudiant chaque lame ainsi accompagnée, nous recréons notre unité.

Dans l'antiquité, une lettre valait un chiffre ; on comptait comme on parlait et inversement. « Tout n'est que chiffre ». Une lettre hébraïque possède une valeur numérique, raison pour laquelle chiffres et lettres se confondent. Plus encore quand on sait qu'il existe 22 lettres hébraïques comme il y a 22 paires de chromosomes, avec lesquels Dieu écrit sa créature, la crée dans son hérédité et son devenir. 22 paires de chromosomes déterminent un individu asexué, dans son tissu d'évolution raciale, familiale et personnelle, et dans ses 22 types de comportement.

Pour accomplir son destin il doit se choisir un sexe, XX féminin ou XY masculin, la 23ème paire. On retrouve ainsi le 5 (2 + 3), le nombre de l'homme.

Ce chiffre 5 correspond également à la mise en place de nos 5 corps dans la race humaine actuelle, élément bâtissant l'homme dans la Divine proportion.

Le destin de l'homme est de retourner à sa source, de retrouver son unité originelle. Dans le plan de l'incarnation, ceci se fait par la rencontre de deux êtres alliant leur polarité féminine et masculine ;

23 + 23 = 46, or 4 + 6 = 10, retour à l'unité par le moteur de la dualité.

Nous avons donc au plus profond de nos cellules, inscrit la clef spiralée du Retour, l'A.D.N.

On sait de plus par l'observation et l'analyse que les 22 types de comportement inscrits dans l'A.D.N. se résument à 9 essentiels... Comme les 9 Séphiroths de l'arbre kabbalistique d'avant l'incarnation ; elles nous sculptent, la 10ème, celle du fondement, Malkuth, étant le reflet de la matière dans la 1ère, Kether, on peut donc poser que 9 = 0 par réduction dite « théosophique ». Un nouveau cycle commence.

Par exemple :
l'énergie 12 peut se réduire à 1 + 2 = 3
l'année de naissance 1922 à 1 + 9 + 2 + 2 = 14 = 1 + 4 = 5
ou = 1 + 0 + 2 + 2 = 5.

Je vous invite à prendre contact avec la B.D. (bande dessinée) de votre vie, par la contemplation des 22 Arcanes majeures du Tarot. Pour chaque Arcane ont été détaillés plusieurs paramètres, afin que vous saisissiez la complexité de l'énergie reflétée. Laissez vous pénétrer par l'image, entendez votre musique intérieure, percevez vos propres informations et décryptez les avant de lire le texte... Vous rencontrerez ainsi un autre vous-même, aux facettes multiples et changeantes. L'embarquement pour ce grand voyage intérieur se fait ici et maintenant.

Vous constaterez, tout au long du voyage que j'ai insisté plus volontiers sur le coté positif de chaque lame... Ceci pour vous faire prendre conscience de votre Lumière Intérieure et de vos richesses. Nos méthodes d'éducation actuelles ont trop tendance à montrer le verre à moitié vide plutôt qu'à moitié plein. Vos côtés négatifs et ceux d'autrui vous sont familiers... Les qualités qui font votre petit soleil intérieur, beaucoup moins. Leur découverte est un des buts de cet ouvrage. Commencez par accepter vos défauts, seul l'Amour et non la critique, vous permettra d'avancer.

Quel jeu de Tarot choisir ? Je vous propose de découvrir le Tarot de Marseille, peint des trois couleurs primaires ; il en existe d'autres. Vous pouvez choisir celui qui vous convient le mieux... La symbolique se retrouve généralement dans chacun d'eux ; lorsque vous serez familiarisé avec lui, vous pourrez même fabriquer votre propre jeu, avec vos propres images, sans que cela vous demande un talent particulier en dessin.

A noter cependant, selon mon expérience, une légère subtilité : Aleph, la première lettre de l'alphabet Hébraïque, n'est pas associée à la première lame du Tarot, Le Bateleur...

Aleph occupe une place particulière : elle représente le début et la fin, l'alpha et l'oméga, le Divin dans sa forme non manifestée. Elle sera, de ce fait associée au ZERO, 0 symbole DU TOUT de par la forme de ce chiffre. Elle trouve donc tout naturellement sa place auprès du MAT, ou FOU qui a valeur 0 ou 22. Sa valeur numérique de 1 la place au rang de Pur Esprit, l'Alpha ; sa valeur numérique de 1000 en finale, 1 suivi de trois zéro, propose le sentier du retour. L'Oméga : l'être humain retourne à sa source. Le 1, après avoir développé ses trois composants : le Corps, l'Ame et l'Esprit, chacun représenté par les trois zéro du 1000.

Bien que de valeur numérique 1, elle est associée au zéro mais engendre le 2, Beth. En Beth Dieu apparaît dans sa Dualité : Non Manifestée et Manifestée. Beth, souffle Divin Créateur, se place de ce fait, dans le monde créé ; l'homme, sorti du Jardin D'Eden, appréhende Dieu à travers le monde créé ; ce monde, champ de son action, est représenté par les 21 Lames du Tarot restantes.

On comprend ainsi que chaque lame engendre sa suivante, et que la place de la lame diffère de la valeur numérique accordée à la lettre Hébraïque correspondante.

Puisque Le Verbe est créateur, nous commencerons par étudier le Son de la bande dessinée : les lettres Hébraïques, puis nous mettrons en place l'Image, via les lames de Tarot, puis enfin le chiffre.

Nous définirons ensuite la méthode de décryptage de votre date de naissance et son utilisation dans vos rencontres.

Nous finirons par quelques exemples pour vous permettre de mieux cerner le problème.

Comment utiliser ce livre ?

Si vous êtes pressé de savoir de quel bois vous êtes fait, lisez de suite le chapitre des chiffres ; vous aurez une approche simple et rapide de votre personnalité et de celle de votre entourage.

Si vous êtes plus curieux, intéressez-vous aussi à l'image associée au chiffre, la lame de Tarot correspondante.

Si vous êtes encore plus curieux, mettez la musique ! Intéressez-vous à la lettre hébraïque ; elle vous donnera le son.

Enfin, si vous voulez rentrer en contact plus intime avec les énergies qui vous animent, peignez vos propres images et la lettre hébraïque qui leur correspond.

Si, toutefois, vous aviez besoin d'éclaircissements, vous pouvez vous reporter au chapitre des exemples ; il vous propose une gymnastique amusante en jonglant avec les différentes données du problème.

Je vous souhaite un bon voyage !

Chapitre 2

Les paramètres utilisés

1/ LE SON : LES LETTRES HEBRAIQUES.

1. Lettre hébraïque : ALEPH. : א

• ***Signification :***

Souffle créateur.

Pneuma (Prana en sanskrit), Ruach en hébreu, Spiritus en latin. Le souffle : L'Esprit omniprésent. Par lui Dieu nous insuffle la vie, nous Anime, nous donne une AME.

Aleph, charnière entre l'incréé et le créé, manifeste tous les possibles, le pouvoir illimité de la vie, désir et volonté, unis dans l'Amour.

Par extension dans le concret, Aleph représente le taureau ou le bœuf travaillant au champ. Le pouvoir moteur de la vie.

Image Du Logos, Verbe incarné dans le Soleil, Planète de notre énergie vitale.

• ***1ère lettre de l'alphabet hébraïque***

• ***1ère lettre Mère***

• ***Valeur numérique : 1 ou 1000.***

Elle est à la fois le début et la fin, le renouvellement incessant de la vie. « *Je suis le Début et la Fin, je suis l'Alpha et l'Oméga* »... C'est pourquoi j'ai préféré commencer l'étude des énergies qui nous animent par la lame 22, et non par la lame 1.

Le un devant trois fois zéro :

Le zéro représente le champs de la manifestation : Le « Ain Soph Aur lumière sans limite et sans voile » accepte de se limiter dans l'œuf cosmique.

Il est trois fois répété pour souligner l'aspect tertiaire du Divin :

« *Un devant trois fois zéro* ». Le Très Haut propose son individuation dans le un, ici le souffle créateur, le Verbe.

Comme l'illustre le prologue de l'évangile selon saint Jean : « *Au début était le Verbe.* »

Associée au 22 ou 0 et au MAT (appelé FOU pour d'autres Tarots).

2. La lettre hébraïque : BETH : ב

• *Signification :*

Je vous demande, ici, de prononcer le mot : « Beth ». Sentez le souffle se concentrer pour commencer le processus créateur. Il n'est plus la liberté de Aleph : le cercle devient point. Ressentez le.

Signifie pointe de flèche, ou « kentron » en grec, qui a donné centre ou demeure, d'où abri, maison. Notre corps est le temple de Dieu. Mais, sans le souffle qui l'anime, la pointe de la flèche est immobile (Pointe : idée d'acuité et de puissance, Flèche : idée de guerre ou de chasse). Tous les sens sont en éveil.

Représente l'action intérieure de Dieu dans le monde.

• *2ème lettre de l'alphabet hébraïque.*

• *Valeur numérique :*

2, souligne la dualité divine : manifesté/non manifesté.

• *C'est la première des lettres doubles,*

qui sont au nombre de sept, les sept couleurs composant la lumière blanche originelle, décomposée par le prisme humain en ses sept chakras.

Elle signifie vie/mort.

Compte tenu du décalage indiqué p.12 :

Associée au 1 et au BATELEUR (encore appelé MAGICIEN).

3. Lettre hébraïque : GIMEL : ג

• ***Signification :***

Arc bandé (recevant la flèche du magicien), d'où la notion de calme, de silence, de concentration avant l'action de lancer la flèche.

Par analogie de forme :

Croissant de lune, vaisseaux des Dieux qui se rapproche de chameau, vaisseau du désert, dont le cou dressé peut faire penser à un arc bandé. D'où la notion de voyage entre ombre et lumière, oasis et désert où l'Homme Humide devient l'Homme Sec (Annick de Souzenelle) par moult voyages entre son conscient et son inconscient... Ses « prises multiples de conscience » qui contribuent à la compréhension de lui-même et à son évolution.

Arche, alliance éternelle entre Dieu et l'homme.

Amandes, ovales, losanges (inspirant la taille du diamant... Son diamant intérieur, sa pierre carbone noir à transilluminer).

Coupe, réceptivité.

Navire ; d'où la notion d'échange de communication, de réciprocité et d'alternance (rythme de la lune). Plus nous évoluons dans la compréhension, plus nous appréhendons le mystère de Dieu et plus nous prenons conscience de sa grandeur. Le créé crée-t-il Dieu à son image ? Dieu crée-t-il sa création à son image ? Ceci perpétuellement renouvelé, mystère de l'œuf et de la poule (Hubert Reeves).

Par extension : enseignement, éducation, science, savoir.

Roseau avec deux pieds, symbole d'assise et de solidité.

• ***3ème lettre de l'alphabet hébraïque.***

• ***Valeur numérique :***

3, la dualité manifestée dans cette image et issue du 2 par la valeur numérique de Beth contient en son sein le 3, la sérénité de Dieu qu'on retrouve dans de nombreuses religions : Fils, Père, Saint Esprit.

Shiva, Brahma, Vichnou... Destruction, construction, mouvement.

Le flot continue : 1 engendre et contient 2 qui engendre et contient 3...

• ***Deuxième des lettres doubles*** de l'alphabet hébraïque. Elle signifie Paix et Lutte et, par extension, Rétribution du bien et du mal.

Associée au 2 et à LA PAPESSE (ou GRANDE PRETRESSE).

4. La lettre hébraïque : DALETH. : ד

• *Signification :*

Portière de tente, i.e. qu'on peut ouvrir ou fermer. Par extension, ce qui laisse passer, battant de porte, c'est à dire passage obligatoire pour entrer ou sortir. Découlent de cette définition deux notions : celle du choix (entrer ou sortir) et celle de l'initiation (passage obligatoire). La naissance, passage obligatoire dans la filière génitale, est une épreuve initiatique ; le nouveau-né doit pousser avec ses pieds sur le fond de l'utérus. Il participe activement à sa propre naissance... Il a ici le choix d'agir. Il a aussi le choix de se laisser aspirer dans la descente vers la sortie par la spirale dans laquelle sa tête est engagée. Effort, courage, volonté, acceptation sont les qualités requises. Ainsi, chaque épreuve de la vie est-elle une nouvelle naissance à soi-même.

Par ailleurs : signifie aussi « Adonaï », Nom de Dieu pour Lumière.

Soleil Levant, lumière initiatique (cf : nos cathédrales).

• *4ème lettre de l'alphabet hébraïque.*

• ***2ème lettre double***, elle est en rapport avec la paire d'opposés : Sagesse et Folie.

• *Valeur numérique :*

4, elle porte en elle la concrétisation de la matière attribuée au chiffre quatre, chef-d'œuvre divin, accompli dans sa création.

Elle donnera le D latin et le delta grec (Le delta d'un fleuve est le triangle d'eau par lequel il rejoint la mer. S'y accumulent les alluvions, sources de fertilité et d'abondance. Les crues du Nil, fertilisant son delta et au-delà sont fameuses). De forme triangulaire, elle symbolise l'Est, le soleil levant, la grande Lumière baignant tout initié au début de l'épreuve. Pour cette raison, le chœur de nos églises se trouve à l'est.

Associée au 3 ou à L'IMPERATRICE.

5. Lettre hébraïque : HE : ה

• *Signification :*

Fenêtre, porte du vent ; elle permet à la lumière (le savoir) et à l'air, le souffle créateur qui définit la vie, de passer dans la maison.

Dans le tétragramme sacré écrit selon le schéma de l'Epée :
Yod Hé Vau Hé Je Ho Va H.

Les deux Hé sont les tranchants de l'Epée les deux poumons divins, les deux souffles, L'Inspire et L'Expire.

YOD

|

|

HE • • • • | • • • • **HE**

|

|

VAU

Ceci donnera le signe de la Croix :
Yod descend dans la création et engendreVau.
Yod : lumière Divine.
Vau : l'homme le lien, le crochet entre le bas et le haut (voire le Hiérophante).
Il crée l'homme en expirant : c'est le 1er souffle, le 1er Hé.
Il le rappelle à lui en l'inspirant : c'est le 2ème souffle, le 2ème Hé.

Il lui donne ainsi une Ame et fait de lui un être immortel.

C'est l'histoire de Sara et d'Abram qui deviendront Sara h et Abra h am, fondateurs du peuple de Dieu.

Les Etres créés avant l'Inspiration sont mortels ; ils deviennent immortels après avoir reçu le souffle divin... L'Esprit... En découle le rituel du Baptême. Le propre de l'être humain est donc d'être immortel, constamment Inspiré et Expiré par Dieu, à chaque instant de sa vie ; le point de rencontre entre la verticale de la Croix (descente de Dieu en lui) et l'horizontale de la Croix (rapport qu'il a avec la création) se fait en son centre : son cœur, réceptacle de l'Amour divin.

A ce stade de sa création, l'homme EXISTE : il a un NOM, il est visible et il voit, car l'Amour Divin se réfléchit en lui. Par là-même, il prend conscience du Moi et du Non-Moi : le pouvoir de discrimination lui est conféré.

• ***5ème lettre de l'alphabet hébraïque :***

• ***1ère lettre simple des 12 lettres simples.***

• ***Valeur numérique :***

5, anticipant sur Vau, la cinquième lame, où le corps causal, siège de l'immortalité, s'individualise.

Associée au 4 et à L'EMPEREUR.

6. La lettre hébraïque : VAU ou VAW : ו

• *Signification :*

crochet, celui qui relie, le lien.
clou.

Le Christ, lien entre Dieu et l'Homme, a choisi de se faire crucifier par des clous. Ceux ci ont été placés en des points énergétiques précis des poignets et chevilles où se fait l'union entre l'extérieur et l'intérieur, entre le haut et le bas. Le clou, en expression populaire est le nec plus ultra, la cerise sur le gâteau ; on peut considérer que l'homme est le clou de la création ! Celui qui a suscité la jalousie de Lucifer : il est le seul, parmi les êtres créés, à avoir la liberté de CHOIX ; ange et démon, il fait le lien entre le haut et le bas.

Dans le Tétagramme sacré, VAW relie les deux HE, les deux fils de l'Epée ; il reçoit directement la lumière par sa tête, la réfléchit et la distribue par son cœur. A l'image du Logos, il est soleil pour son environnement.

Porte-flamme du Temple.

• *6ème lettre de l'alphabet hébraïque.*

• *2ème lettre simple.*

• *Valeur numérique 6.*

Associée au 5 et au PAPE (ou HIEROPHANTE).

7. La lettre hébraïque : ZAÏN : ז

• ***Signification :***

Pointe de flèche perçant la tunique de peau, c'est le sentier du retour permettant de tuer en nous la bête pour libérer notre ange intérieur.

Ceci met l'accent sur notre dualité de base ni ange ni démon mais aussi sur notre pouvoir de discrimination.

Ce pouvoir est aussi représenté par les deux fils de la lame de l'épée, l'épée étant la signification extrapolée de Zaïn. En découle l'écriture en épée du tétragramme sacré de YEOVAH. La seule voie est la voie Christique, celle de l'énergie d'Amour et de guérison, incarnée dans le Messie dernier des prophètes actuellement connu, le seul à avoir parler d'Amour et de Rédemption par l'Amour... « L'immense gomme d'Amour vécue par les N.D.E. ».

Sa valeur numérique 7 nous reporte au 7ème jour de la création où Dieu a achevé son œuvre et où il se repose... Il passe la main à sa Créature : « *c'est à toi maintenant, tu es libre...* ». Le Christ a dit lorsqu'il a ressuscité Lazarre : « *Vous serez plus grands que moi* ». Vaste programme pour les créateurs en herbe que nous sommes... !

• ***7ème lettre de l'alphabet hébraïque.***

• ***3ème lettre simple.***

• ***Valeur numérique 7.***

Associée au 6 et à L'AMOUREUX (ou LES AMANTS).

8. La lettre hébraïque : CHET : ח

• ***Signification :***

Symbole de barrière, elle donnera le : « H ». Le nom de cette lettre porte Yod en son cœur. Faire l'expérience de la peur, limitation, révèle en nous la Lumière. Nous prenons conscience que nous avons en nous, les ressources nécessaires à la gestion du problème posé. C'est comme à l'école, il n'y a pas d'exercice dont nous n'ayons la solution. Ainsi, nous reculons nos limites et nous expérimentons l'infini de notre espace.

Par ailleurs, Sainte Cité De Dieu.

• ***8ème lettre de l'alphabet hébraïque.***

• ***4ème lettre simple.***

• ***Valeur numérique 8.***

Associée au 7 et au CHARIOT (ou TRIOMPHE).

9. La lettre hébraïque : TETH : ט

• *Signification :*

- Ourobouros : Pouvoir Serpent. Pouvoir de la Connaissance. Eternel recommencement de la vie car la lettre TETH dessine un serpent ouvert, tête dehors, serpent en mouvement ; l'Ourobouros, cependant, est plus souvent représenté comme un serpent se mordant la queue, symbolisant le perpétuel mouvement de la vie, destruction nécessaire à la reconstruction.
- Par sa forme, elle signifie aussi : « Bouclier » ; la meilleure façon de se préserver n'est elle pas d'évoluer ? Il n'y a pas de protection qui ne soit sclérose et mort. La meilleure protection est le mouvement de la vie, et donc de l'Amour. C'est cela qui est gage d'éternelle jeunesse, de force et d'invincibilité.
- Par ailleurs, Oiseau de la Connaissance.

• *9ème lettre de l'alphabet hébraïque :*

Elle est reliée à YOD (la 9ème lame), la Lumière divine par excellence. Elle est ainsi la garde de l'Epée du tetragramme sacré ; Epée-Bouclier, arme-défense, esprit-lumière, voilà les deux pôles du mystère divin ; c'est par les ténèbres que l'on rencontre la lumière, et que touchant le fond (la boucle inférieure du huit), on peut remonter (boucle supérieure du huit) aspirée par le point central de transmutation de l'Amour divin.

• *5ème lettre simple.*

• *Valeur numérique 9.*

Associée au 8 et à LA FORCE.

10. La lettre hébraïque : YOD : י

• ***Signification :***

Flamme, Energie Créatrice de l'Univers.

Existe dans toutes les lettres de l'alphabet chaldéen, le Premier alphabet hébreu.

Flamme de l'Energie Divine, l'énergie de feu dont l'homme est issu.

Première lettre du nom de YEOVAH : « *Je suis celui qui est, fut et sera* ».

Par l'expérience du YOD qui descend en VAU par HE dans le tétragramme sacré, l'homme peut dire : « *je suis dans le Soi* », ainsi il retourne au commencement, à l'incréé et fait l'expérience de la béatitude, c'est l'extase des mystiques, c'est l'expérience de la N.D.E.,... l'immersion dans la lumière Blanche. Un reflet de cette expérience se retrouve dans l'extase provoquée par l'orgasme, raison pour laquelle on adjoint à YOD le coït.

Par le YOD, l'homme se tient debout, la station debout reste l'apanage de la race humaine. Cette posture libère le larynx et la main ; l'homme devient créateur dans le subtile par l'expression Du Verbe et dans le concret par l'outil de la main ; par cet outil il façonne la matière, c'est pourquoi on associe aussi à YOD le sens du toucher. Ce sens est particulièrement représenté par la main mais aussi par toute la peau ; la peau nous revêt et nous individualise, libre et unique ; elle nous permet de garder le contact avec notre Créateur et ainsi de faire le lien avec LUI et avec... l'autre.

On sait l'importance du toucher pour le nouveau-né ; dans les espèces animales, le nouveau-né est longuement léché et toiletté par la maman à sa naissance ; chez l'homme, ces caresses sont assurées par les contractions utérines pendant le travail ; avant l'expulsion, elles le façonnent et le poussent par vagues fortes etpuissantes ; parmi toutes les espèces, le travail est le plus long chez la femme, comme si le nouveau-né humain avait besoin, par excellence, de ce contact.

Par ailleurs, l'embryologie nous enseigne que tous les organes des sens sont une extension de celui du toucher ; chez l'embryon, les cellules initiales de la peau se spécialiseront en : papilles pour l'odorat, cellules optiques (cônes et bâtonnets) pour la vision, cellules auditives (ciliées) pour l'audition... La Lumière divine YOD nous habille de façon intime et intégrante.

• ***10ème lettre de l'alphabet hébraïque.***

• ***6ème lettre simple.***

• ***Valeur numérique 10.***

Avec cette lettre on passe dans la première dizaine

10 = 1 devant 0 = 1 devant le Tout. Le retour à Dieu en Dieu.

La signification de la fin d'un cycle, un nouveau départ, un processus d'individuation qui s'éclaire.

Associée au 9 et à L'HERMITE.

11. La lettre hébraïque : KAPH : כ

• *Signification :*

Main fermée. Ici, l'homme fait un pacte avec Dieu. La main ouverte en 9 se ferme en 10, sur celle de Dieu scellant le pacte d'Amour.

Coupe, elle est représentée dans notre corps par la paume des mains et la plante des pieds, réceptacles des énergies cosmiques et telluriques, chakras secondaires importants.

Par ailleurs, Puissance Vitale.

• ***11ème lettre de l'alphabet hébraïque.***

• ***Valeur numérique 20.***

Deux devant le zéro illustre notre dualité Ange/Bête devant le Divin.

• ***4ème lettre double, elle signifie richesse et pauvreté.***

On récolte ce que l'on a semé. Tel un Boomerang, chaque don nous est rendu au centuple. Cette loi vaut dans le positif et le négatif (sorcellerie).

Associée au 10 et à La ROUE DE FORTUNE (ou DU DESTIN).

12. La lettre hébraïque : LAHMED : ל

• ***Signification :***

Serpent déroulé, l'aiguillon nous pousse à avancer ; il nous conduit et nous dirige d'un simple attouchement comme l'aiguillon dirige le bœuf (Aleph, la puissance vie). Il nous propose l'épreuve, riche d'enseignement, de muer, d'accoucher à soi même, se débarrasser des formes anciennes, gravir les échelons, d'équilibre en équilibre, toujours plus loin en Soi.

Par ailleurs, Intuition, Sixième sens dévolu au Troisième Oeil, entre les deux sourcils.

• ***Valeur numérique 30.***

3 devant le 0, l'homme dans son aspect trinitaire devant le Tout.

• ***7ème lettre simple***

• ***12ème lettre de l'alphabet hébraïque.***

Associée au 11 et à LA JUSTICE.

13. La lettre hébraïque : MEM. : מ

• *Signification :*

Matrice, Les Eaux primordiales contenant le YOD en leur sein, germe de toute vie.

L'écriture en carré de Mem suggère l'image du fœtus enroulé sur lui même, dans l'utérus maternel, sa tête touchant ses pieds ; le cordon ombilical le relie à la mère et lui apporte le sang ; il baigne dans le liquide amniotique, eau salée de composition identique à celle de la mer. Ainsi la mer (les Eaux Primordiales, Mère de toute vie), Mère Divine, et la mère incarnée le façonnent-elles et le nourrissent-elles par les vagues de leur Amour. Quand l'heure de l'accouchement sera venue, les vagues deviendront tempête... Le foetus s'est retourné depuis le 6ème mois de la grossesse, et, poussé par les contractions de l'utérus, il descend dans le couloir génital, tête enroulée dans une spirale centrée par son occiput.

La Vie incarnée sera ensuite une multitude d'accouchements à soi-même.

Dans cette image, l'immobilité, apparente, propose silence et méditation, silence et calme, pause et repli.

De nombreux rites archaïques, parmi eux celui du baptême, insistent sur la nécessité de l'immersion pour naître en homme nouveau.

La grossesse dure 7 mois lunaires de 40 jours... 7 le nombre parfait de la création, 40 la valeur numérique de Mem... 280 jours... 2 + 8 + 0 = 10 pacte avec le Divin, retour à l'unité.

9 mois solaires de 30 jours... 9 le nombre de l'accomplissement, 30 la valeur numérique de Lahmed, 12ème lettre de l'alphabet hébraïque, reliée à la lame 11 (soi devant le Soi)... Accomplissement dans la dualité... 270 jours... 2 + 7 + 0 = 9 retour à l'accomplissement.

Aujourd'hui, le terme de l'être humain se situe entre 270 et 280 jours. La date précise de la naissance est choisie par l'enfant... Il utilise sa Liberté !

• *13ème lettre de l'alphabet hébraïque*

• ***2ème lettre mère, la Racine de l'EAU.***

• ***Valeur numérique :***

- 40 en usuel (4 devant le 0 : la matière devant l'Esprit)
- 600 en finale (6 devant double 0 : l'homme dans sa liberté de choix devant le Tout et dans sa dualité consciente. En finale, elle se dessine en carré.

Associée au 12 et au PENDU.

14. La lettre hébraïque : NUN : ן

• *Signification :*

Poisson, en tant que substantif, procréer en tant que verbe.

Chez les Egyptiens, Nun signifie : « Océan Primordial », reliée à l'ère Christique des Poissons. « *Croissez et multipliez* » sous-entendu « *dans l'Amour* » (« *Voici mon Fils Bien Aimé, en qui j'ai mis tout mon Amour* »), l'Amour, la force d'attraction la plus puissante qui soit au monde. L'univers est Amour, union des principes Féminin et Masculin, comme en témoigne la représentation de Dieu chez les Hindous : le Lingham symbole du sexe masculin pénétrant le sexe féminin ; la troisième dimension, celle du Divin, s'atteint par les deux autres réunies.

• *Valeur numérique est 50 :*

5 devant 0 ou manifestation du tout par le 5.
L'homme crée, se recrée dans l'illumination de son Créateur.

• *14ème lettre de l'alphabet hébraïque.*

1 devant le 4 ; le 4 représente la matière brute, la caverne, le gouffre, l'obscur du moment. Il faut retrouver la Lumière de la sortie ; c'est la proposition de l'Arcane 13, le 1 devant le 3 : retourner dans le ventre de Maman (lame 3) pour renaître à nouveau. C'est l'expérience de la N. D. E. 13 est le nombre du Christ, Energie d'Amour et de retour au Père (4 = 1 + 3), source de toute Vie. Par sa mort (autre nom de l'arcane 13). Il nous fait découvrir l'existence de notre corps de Lumière. Lumière s'écrit : **L V X.**

Les deux croix, suggérées dans le L et dans le V (U s'écrivant V en latin) sont réunies dans le X. Le chemin de l'incarnation (la croix) révèle la Lumière.

• *8ème lettre simple.*

Associée au 13 et à L'ARCANE SANS NOM ou La MORT.

15. La lettre hébraïque : SAMECK : ס

• *Signification :*

Pilier de tente, pièce maîtresse de la maison de nomade, par extension, le soutien d'une construction, dont l'étayage se fait le plus souvent en bois, arbre de la Vie : « *je suis le cep, vous êtes les sarments* ».

Mais aussi bois de la Croix, apparenté à VAV le clou, celui qui relie ; c'est l'homme réalisé après le passage de NUN dans le don ultime de soi.

Axe : concerne à la fois l'homme en tant que pivot de la création et sa colonne vertébrale, verticale où s'effectue l'alchimie de la transformation par l'ascension de la Kundalini, allumée par le feu de l'esprit. Le plomb de Saturne (4) se transforme en Or du soleil siégeant au cœur (1). L'homme ainsi achevé (1 + 4 = 5) accueille Dieu en lui.

N.B : La forme de la lettre est celle d'un serpent fermé car le cycle (cycle du jour et de la nuit) est accompli (9ème lettre simple) par l'épreuve. En TETH (8), le serpent est ouvert mais lové. En LAMED (11), le serpent est déplié et dressé en aiguillon. En SAMEK (14), la boucle est refermée ; le test de probation est effectué.

• *15ème lettre de l'alphabet hébraïque.*

• *9ème lettre simple.*

• *Valeur numérique 60 :*

6 devant 0, l'homme, dans sa dimension christique d'amour, se détermine.

Associée au 14 et à La TEMPERANCE.

16. La lettre hébraïque : AYÏN : ע

• ***Signification :***

Œil. Notre vie dépend du regard que nous posons sur nous-même et sur les êtres qui nous entourent. Le changement ne nous est pas extérieur, seul, notre niveau de conscience change ; plus celui ci est élevé et chargé d'amour plus notre environnement est perçu comme agréable et facile à vivre

Fontaine. L'œil miroir de l'âme, est le réceptacle de l'amour divin. Il devient source de vie pour Autrui, nourri et fertilisé par cette fontaine.

• ***16ème lettre de l'alphabet hébraïque.***

•***10ème lettre simple.***

• ***Valeur numérique 70.***

7 devant 0, l'homme parachevé, parfait (7), devant son Créateur (0). Cette toute puissance inclut la tentation de devenir Dieu lui-même ; cf : « la tentation du Christ dans le désert ».

Associée au 15 et au DIABLE (ou LUCIFER).

17. La lettre hébraïque : PEH : פ

• *Signification :*

Bouche en tant qu'organe de la parole, puissance libérée du souffle, explosant sur les dents. C'est le verbe créateur, le premier et le deuxième HE de l'épée sacrée. Le premier HE créateur, insuffle la vie dans les deux poumons du nouveau-né au moment de son premier cri, le deuxième HE lui donne son âme, le voici NOMME. Il reçoit son nom secret, cette émanation du son primordial qui le relie à son créateur.

La naissance est bouleversement, la PAROLE de Dieu est dérangeante, révélation de l'homme à lui même ; de bouche d'ouverture, la lettre PEH devient brèche ouverte par le fracas du passé pour une nouvelle vie. Y a-t'il une alternative ? Oui, car nous avons toujours le choix de dire oui ou non ; mais dire non équivaut à retourner dans les ténèbres de l'ignorance alors que la lumière du renouveau, par le oui, invite au progrès.

• *17ème lettre de l'alphabet hébraïque.*

• *5ème lettre double :*

Beauté/Laideur : cette lame insiste sur la dualité et le pouvoir de l'homme d'être à la fois ange pour la Beauté, démon pour la Laideur. Le choix entre ces deux pôles implique une certaine tension, comme un dipôle chargé positivement et négativement à chacune de ses extrémités, génère un courant électrique.

• *Valeur numérique 80 :*

8 devant le 0.

L'équilibre entre esprit et matière (8) doit se réaliser devant le créateur (0). La tension est ici verticale.

Associée au 16 et à LA MAISON-DIEU (ou TOUR, TOUR FOUDROYEE).

18. La lettre Hébraïque : TZADDI : צ

• ***Signification :***

- Cette lettre n'avait pas à l'origine de signification proprement dite. Puis elle est devenue : « le côté » ; par extension : « l'adversaire » puis finalement : « le Bras Divin » ; on peut rapprocher cela de la bible : ...« *Eve, tirée de la côte d'Adam* »... En fait il faut prendre comme signifiant « *à côté d'Adam* » ou « adversaire c'est-à-dire contraire, opposé, donc révélateur par défaut et comparaison » et donc alors nécessairement Bras Divin, aide de Dieu dans la reconquête de son âme car :

Eve s'écrit	HE	Vaw	HE
	E	V	E

ce qui signifie :

Le premier Hé, souffle Divin crée l'Homme (Vaw), le deuxième Hé l'inspire à LUI.

Eve porte le Yod du tétragramme Sacré, enfoui en son sein. Elle le révèlera par le fruit (la Pomme) à Adam.

Car l'homme Hé Vaw Hé n'est rien sans son âme YOD d'où « *Il ne faut pas séparer ce que Dieu a uni* » (Saint-Paul) sous-entendu : le corps (He, Vaw, He) de l'Ame (Yod).

- Puis, plus tard, l'aide de Dieu est devenue « Hameçon » car Dieu ne se révèle qu'à celui qui cherche. Il reçoit alors la révélation, après sa quête (pêche) personnelle. La grâce lui est donnée.

« *Vous serez pêcheurs d'hommes... nous sommes pêcheurs* ». C'était l'ère du poisson.

D'où la signification finale de TSADDI, traduisant l'état de méditation obtenu après l'agitation de la quête. L'hameçon, lancé dans l'eau la trouble et y décrit des cercles, puis le calme revient jusqu'à ce que le poisson morde... : Révélation est donnée par la volonté du Divin.

- On retient aussi la signification de « Tête de harpon » traduisant que les prises de conscience peuvent être fulgurantes mais... pas toujours agréables.

• ***18ème lettre de l'alphabet hébraïque.***

• ***11ème lettre simple.***

• ***Valeur numérique 90 :***

9 devant le 0. Le Tout achevé devant le Tout en germe. Nouveau bain. L'œuvre finie peut encore être parachevée, encore et encore...

Associée au 17 et à L'ETOILE (ou LA VERITE).

19. La lettre hébraïque : QUOPH : ק

• ***Signification :***

Il en existe quatre :

1. Singe : symbole de sagesse, il a atteint la dimension de Bouddha. Il symbolise le secret du bonheur : yeux fermés, oreilles fermées, bouche cousue ; les sens fermés aux rumeurs de ce monde, il est celui qui sait. Doué de malice et de ruse, il illustre parfaitement le propos « *qu'il faut avoir été fou avant d'être sage* » ! C'est en fait le symbole du fantastique HUMOUR de Dieu.

2. Chas de l'aiguille : cette signification est en rapport avec sa forme. La voie est étroite, le sentier, un fil de rasoir. « *Il est plus facile à un pauvre d'entrer dans le royaume de Dieu qu'à un riche de passer par le chas d'une aiguille* ». Le test le plus difficile à passer en ce monde est celui de la richesse.

3. L'arrière de la tête : autre signification de la lettre en rapport avec sa forme. Dans cette zone siègent plusieurs parties composantes du système nerveux : le cervelet, organe de l'équilibre, le centre occipital de la vision et le bulbe rachidien, prolongement de la moelle épinière. Le bulbe rachidien est particulièrement important pour nous car il régule toute notre vie végétative (température corporelle, rythme cardiaque, pression artérielle, alternance veille/sommeil...). De plus, il est en contact avec un tissu particulier : la « substance réticulée », tissu nerveux prenant l'apparence d'un voile, celui du temple, elle régit le sommeil, le rêve, la perception de la douleur... L'arrière de la tête représente donc un NŒUD vital majeur, point de rencontre et d'union entre les fonctions du corps et celles de l'Esprit... Les yeux étant le miroir de l'Ame...

4. Hache, épée : le lent processus de transformation conduit à la nécessité de trancher avec le passé.

• ***19ème lettre de l'alphabet hébraïque.***

• ***12ème lettre simple.***

• ***Valeur numérique : 100.***

1 devant le tout deux fois répété : se construire par sa dualité, dans une gestation à soi-même perpétuellement répétée (1 + 8 = 9), rebondir et se recréer.

Associée au 18 et à LA LUNE.

20. La lettre hébraïque : RESH : ר

• *Signification :*

Tête :

- Commencement, donc celui qui dirige, qui prend la tête, le commandement, la direction. Celui qui gouverne.

- Partie la plus haute du corps ; elle englobe l'arrière de la tête, correspondant à la Lune et à l'inconscient, et le visage, partie ronde, nettement visible de l'individu. C'est le siège ouvert de la manifestation du Divin dans l'humain. Les cinq sens y sont représentés, ouverts sur l'extérieur, en alerte perpétuelle pour capter les informations. La tête dirige notre corps. Elle englobe aussi le crâne, contenant le cerveau, représentant de la Pensée ; il réfléchit le Divin comme une antenne parabolique capte des émissions hertziennes.

- Principe = origine, source première

Les « Principes », en sciences physiques, sont d'immenses généralisations auxquelles est subordonné tout le domaine des sciences physiques. Il est cependant impossible de vérifier l'exactitude de cette subordination. Tout ce qu'on peut affirmer, c'est que tout ce qui est connu vérifie certains principes et que rien ne les nie encore. Par conséquent, les principes, à la différences des lois scientifiques, conservent toujours quelque chose d'hypothétique.

• *6ème lettre double de l'alphabet hébraïque.*

Lettre double, elle signifie : Fertilité/Stérilité.

Si l'homme accepte le challenge de conduire sa vie selon le plan divin de l'Amour, il est dans l'expansion et l'abondance. Il rayonne ; tout lui réussit.

S'il détourne le challenge au profit de son petit moi, sans Dieu, sans lumière, il descend dans les ténèbres de l'enfermement ; il se recroqueville sur lui-même, se dessèche dans un nombrilisme stérile.

• *20ème lettre de l'alphabet hébraïque.*

• ***Valeur numérique 200.***

2 la dualité, devant le tout ; 0, 2 fois répété : Lumière (0) et Eau (2) engendrant la matière (4), tel un cristal transparent retransmet les couleurs du Divin.

Associée au 19 et au SOLEIL.

21. La lettre hébraïque : SHIN : ש

• ***Signification :***

- Trident : 3 dents, 3 langues de feu qui font exploser les structures ; la dent symbolisant la pierre.

Sur la dent s'appuie la langue pour proférer les mots, sans dents on ne peut pas parler, donc exister en tant qu'individu, et on ne peut se nourrir. La dent est une nécessité vitale, transformant : l'esprit-la parole et la matière-la nourriture.

- Ces dents sont au nombre de 3 et représentent les 3 parties de Dieu, Père, fils et Esprit dans notre religion catholique ; ou aspect trinitaire dans d'autres religions ou dans notre quotidien, homme femme et enfant, contraction éjection, repos, etc. Rythme à trois temps de nos vies d'incarnés reflétant l'aspect trinitaire de notre âme.

- SHIN

SH : chut.

C'est dans le silence, l'absence de bruit et d'agitation que le message est délivré. Le nom de l'enfant est révélé au 6ème mois de la grossesse par le rêve ou par une intuition jaillissant brutalement de la Conscience. Mais cette révélation est irrévocable.

• ***21ème lettre de l'alphabet hébraïque***

• ***Valeur numérique 300.***

Dieu dans sa dualité, comme la lumière est de nature corpusculaire et vibratoire, nous révèle notre dualité : Esprit et Matière. Ainsi libère-t-il notre Essence, notre Ame, des contraintes de son enveloppe charnelle.

C'est la mort des idées reçues, d'habitudes de vie, serait-ce une N.D.E. ?

Pour cela, il faut passer la porte (Daleth 3 = 2 + 1), oser et accepter. Le souffle est puissant, la porte largement ouverte, l'expansion assurée.

• ***3ème lettre mère :***

C'est la racine du Feu. Elle nous met en contact avec la nature ignée de Dieu, et le Feu de son Amour qui fait soulever des montagnes.

La plus grande force au monde : L'AMOUR.

Associée au 20 et AU JUGEMENT.

22. La lettre hébraïque : TAU ou TAV : ת

• ***Signification : la Croix.***

- signifie union de la Verticale (descente de Dieu dans la matière) et de l'Horizontale (élargissement de sa manifestation dans l'univers). La verticale, dimension de transcendance, s'unit à l'horizontale, dimension de matérialité, au point du cœur. Là, s'effectue la transmutation de l'amour divin pour sa créature et réciproquement, et de sa créature à une autre... Le cœur a la forme d'un tétraèdre.

- signifie aussi : « signature, marque ».

Le Tau égyptien correspondant à cette lettre était un étalon de mesure ; on faisait une marque sur sa branche verticale pour évaluer la profondeur du Nil à la crue. On pouvait ainsi estimer la fertilité des terres immergées et prévoir le partage équitable pour tous des récoltes.

Le Tau détermine également deux angles droits, base de construction des cathédrales chez les Compagnons grâce à l'utilisation de la corde à nœuds.

Chez les hébreux, T s'écrivait + et non T, et représentait le signe du salut et de l'amour donné à celui rencontré ; sur lequel on dessinait le signe de la croix... qui est devenu : « je te bénis », chez les catholiques ; ils utilisent aussi les deux doigts de lumière, index et majeur, pour le tracer. Ce signe était un symbole du triomphe de la vie sur la mort, et un gage de vie éternelle.

- Par extension la croix se ramène à un point et devient le Centre, la Vacuité, le Palais de Sainteté d'où rayonnent les six directions de l'espace.

• ***7ème lettre double :***

En rapport avec la paire d'opposés : Domination-Esclavage, relation bourreau-victime.

Trop replié sur son petit moi, on a l'impression d'être esclave de son environnement. La répétition de la même problématique fait mouvoir le cercle infernal de l'enfermement... Mais c'est aussi par la répétition que l'apprentissage se fait. Coupé de la réalité matérielle, la tête dans les nuages produit l'illusion, la chute dans le concret est rude.

Alors centré par un juste regard sur sa vie, on devient Maître de son devenir.

• ***22ème lettre de l'alphabet hébraïque.***

Donc apparentée à l'intelligence de l'étincelle, est aussi en rapport avec la 21ème lame ; 21 = la somme des nombres de 0 à 6 inclus. Elle donne la position dans l'espace et le temps (les 6 directions de l'espace et le centre, le centre est la 7ème direction, le Tout et le Rien, le Palais de Sainteté, TOUM, le Saint des Saints).

21, manifestation de l'unité (1) par la dualité (2) engendre le 3, puissance créatrice.

• ***Valeur numérique 400.***

Dieu dans sa dualité, action-réceptivité (00) se manifeste dans la matière (4), sa création. La voie (voix) de l'incarnation est son champ (chant) de manifestation. C'est par elle que nous l'appréhendons.

Associée au 21 et AU MONDE.

Ainsi, la Sphère irrisée du Logos, Verbe Créateur, émane-t-elle ses 22 Rayons de Lumiere, les 22 lettres Hébraïques ;

Chaque pinceau lumineux s'épanouit ensuite en une Image, la Lame de Tarot qui lui correspond.

2/ LES IMAGES : LES LAMES DE TAROT.

◈ LE BATELEUR (Le Magicien). LAME I.

1. L'image :

Un homme, coiffé d'un chapeau, se tient debout devant une table rectangulaire où sont disposés divers objets, en rapport avec les éléments : air, terre, eau, feu. Son visage se tourne sur sa droite, il tient une baguette dans la main gauche.

2. Reflète :

- Concentration.
- Rectitude.
- Décision.
- Infaillibilité, certitude.
- Droiture.
- Engendrement d'un processus de création.
- Créativité.

C'est l'Homme dans sa fonction de trait d'union entre le créateur et la création.

Il est à la fois la manifestation du Divin en ce qu'il est sa créature, mais aussi en ce qu'il incarne le pouvoir de création dont le Très Haut nous investit. Nous sommes des créateurs, nous créons notre vie à chaque instant. Nous sommes donc LIBRES.

De cette faculté de concentration, découle la notion de SEPARATIVITE, et la capacité de distinguer :

- le Moi du Non Moi dans un processus d'individualisation,
- Contact avec la MAGIE du quotidien,
- la synchronicité... les coïncidences... le hasard...
- ...l'humour bienveillant de Dieu....

3. Signification Profonde : Intelligence de Transparence.

4. Rapport astrologique :

Mercure, le Vif Argent, le dissolvant des alchimistes,
Le dieu des Voleurs et des Marchands,
Le Messager envoyé aux Hommes par les Dieux
Le lien entre les Dieux et les Hommes, et entre les Hommes entre eux.

5. L'énergie est androgyne.

6. Le mot clef est RENOUVEAU.

Associée au le chiffre 1 et à la lettre hébraïque Beth.

◈ LA PAPESSE. (La Grande Prêtresse). LAME II.

1. L'image :

Une femme assise, calme, attend. Elle montre un livre ouvert, le parchemin de la vie, posé sur ses genoux devant son foie, organe de passage entre le manifesté et l'occulte ou monde invisible. Le foie donne accès à ce monde. Hécate, Déesse Du Royaume des Morts et de la Connaissance nous rencontre ici. La femme est, par essence, entre les deux mondes, visible et invisible ; par nature, elle est plastique, fluide et réceptive ; de ce fait, elle capte facilement les vibrations subtiles.

Les expériences passées, les mémoires Akashiques sont écrites sur Le Grand Livre ; les expériences vécues, comprises et intégrées. Celles qui ne le sont pas, seront à revivre.

Cela nous rappelle notre condition d'Immortel.

Cependant nous savons aujourd'hui qu'au moment où l'âme se sépare du corps physique, notre vie s'inscrit sur notre corps éthérique comme s'inscrit un film sur une bande magnétique pour qu'au fil de notre voyage dans l'au-delà, nous puissions à différentes étapes, le relire et ainsi le décoder pour l'ultime compréhension de notre vie passée.

Son visage est tourné sur la droite, une couronne à trois étages la coiffe ainsi qu'un voile.

2. Reflète :

- Calme et sérénité. Patience avant l'action : feu qui couve sous la cendre.

La lumière est présente, elle n'est pas encore clairement manifestée : notion de flou, de mystère entourant l'attente.

- Immobilité et silence, propices à la manifestation de l'inspiration par le contact alors établi avec la Mémoire Universelle « *L'Akasha, les eaux primordiales* ».

- Rencontre avec la partie féminine de Dieu où résident tous les possibles ; La Materia Prima, le non manifesté, portant en son sein l'étincelle de vie, le yang dans le yin, Principe de dualité éternellement reconnu par l'homme incarné (animus/anima) et dans son appréhension de la divinité, quelque soit la religion proposée.

- Mystère et Secret. On ne l'approche qu'avec précaution, selon un certain rite... rituel. Il faut être « Initié », c'est-à-dire s'être préparé à la rencontre.

3. Signification Profonde : Intelligence de l'Unité.

4. Rapport astrologique : La Lune.

Satellite de notre terre qui réfléchit la lumière du soleil, à qui on attribue le métal argent, récepteur de lumière. Reine de la nuit, elle porte en elle d'obscures secrets occultes et par extension, règne sur l'invisible... et donc le Royaume des Morts. Ceci lui donne son côté inquiétant par le mystère qu'elle sous-tend. Elle préside à toutes les facultés supra sensorielles de l'homme : télépathie, télékinésie, etc. Elle est la déesse des Transformations.

La lune impose son rythme. La femme lui est particulièrement soumise dans son rythme biologique. Ses menstrues lui rappellent chaque mois le pacte fait avec cette part secrète de Dieu, celui du sang... du sang-lié du sanglier. Elle est par nature initiée.

L'homme jaloux a inventé le rituel de tauromachie pour lui ressembler et acquérir ainsi ses pouvoirs de communication directe avec la Vie. Le sang du taureau, offert dans l'arène, retrouve ainsi la lumière solaire, représentée par le torero revêtu d'un habit... de lumière.

5. L'énergie est féminine.

6. Le mot clef est INTROSPECTION.

Associée au chiffre 2 et à la lettre Hébraïque Gimel.

◈ L'IMPERATRICE. LAME III.

1. L'image :

Une femme, confortablement assise, plantureuse, rayonnante de lumière, épanouie, porte une promesse de vie dans son ventre. La tête, tournée de trois quart gauche, est sertie d'une couronne à un étage. Le coeur est souligné du triangle, pointe en haut, symbole Du Divin.

L'Impératrice est celle qui met en ordre les forces de la Création ; la Matéria Prima ainsi prend forme.

On retrouve ici le rôle particulier de la femme dans la création, mais ici, elle a été fécondée par Le Principe de Vie. Elle est enceinte. Son corps procède plan par plan, à la création d'un autre être. Ceci se fait donc par union du Principe Féminin et du Principe Masculin, ce qui est manifesté dans le sceptre, et dans le bouclier. Le bouclier, porteur de l'Aigle, aigle symbole de l'homme transcendé. L'Amour est Vie et protection.

2. Reflète :

Profusion, Abondance, Générosité, Largesse ; la semence donne lieu à des récoltes au centuple.

Ressourcement que procure Dame nature.

Amour, Amour Protecteur, Bienveillance lumineuse et chaleureuse.

Gestation, maternité, maturation, mûrissement.

Ordonnancement avant aboutissement, Mise en ordre avant l'accomplissement. Epanouissement.

3. Signification Profonde : Intelligence de Lumière.

4. Son rapport astrologique : VENUS.

Planète de l'Amour, Etoile du berger, elle est la première à se lever le matin et la dernière à se coucher. C'est elle qui donne le cap aux marins, elle qui conduit les bergers sur le chemin de l'étable. Elle représente la FOI inébranlable.

5. Le mot clef est ABONDANCE.

6. C'est une énergie féminine.

Associée au chiffre 3 et à la lettre Hébraïque Daleth.

◈ L' EMPEREUR. LAME IIII.

1. Le personnage :

- C'est un homme, assis, mais, cependant prêt à l'action de par sa tenue guerrière.

- Sa puissance est contenue : ses jambes sont croisées, elles dessinent un quatre, nombre de la concrétisation de la Puissance divine dans la matière. Ses bras forment un triangle équilatéral, image trinitaire et féminine de Dieu ;

- Ce personnage réunit ainsi le pôle féminin (3) et le pôle masculin (4) de Dieu : le triangle, par sa pointe en haut signifie le retour au Divin ; ce triangle est symbole de l'Est inondant l'initié de ses rayons bienfaisants au début de son périple. Le mental (4) n'est rien sans l'imagination créatrice (3).

- Il est celui qui crée et détermine les justes proportions, qui calcule et inspecte.

« Dieu créa l'univers avec les chiffres et les lettres... » de manière que sa création soit accessible à notre mental pour mieux nous en émerveiller et Le rencontrer à travers elle. Ainsi est-Il, Celui par qui chaque chose, nommée, prend son individualité... La personnalité reflète le nom ; Le Pouvoir du verbe, pouvoir du son, permet à la matière de se rassembler en un ...per... son... âge... image à travers laquelle (per) le son s'exprime, lui donnant corps (Alignements de la limaille de fer entre deux aimants formant des figures géométriques ordonnancées selon les lois de l'énergie magnétique). Tout ceci révèle le Nom comme une énergie constituante de chacun, le quatre est l'image la plus parfaite du cube, la plus harmonieuse de la création de Dieu dans la matière. De par ses propriétés géométriques, elle donne accès au nombre 26 valeur numérique de YEOVAH.

- Il est celui qui NOMME :

en son NOM : YEOVA : les cinq voyelles Y (ou I), E, O, U (ou V), A sans lesquelles aucun mot ne saurait être prononcé. Dieu est partout.

2. Reflète :

Force contenue, puissance, volonté, détermination, autorité.
Vision claire et juste, nette ; par extension minutie, méticulosité, précision.
Logique.

Clarté d'esprit.
Planification dans le détail avant passage à l'acte.
Union et complémentarité du masculin et du féminin.

3. Sa signification profonde : Intelligence de Constitution.

4. Son rapport astrologique :

signe du Bélier, premier signe du zodiaque, énergie divine manifestée dans son élément Feu… mais emprisonnée dans la matière.

5. C'est une énergie masculine.

6. Le mot clef est TRAVAIL.

Associée au chiffre 4 et à la lettre Hébraïque Hé.

◈ LE PAPE (Le Hiérophante). LAME V.
(celui qui annonce la Bonne Nouvelle)

1. L'image :

- Le Hiérophante lui-même :

Est celui qui porte la Bonne Nouvelle. Vous êtes un homme accompli en Dieu, créé par lui à son image. Votre cinquième corps, le corps causal est mis en place par la lame n° 5 (Vos corps précédents physique, éthérique, astral ou émotionnel, mental, ont été mis en place respectivement par les lames précédentes : le Magicien, la Grande Prêtresse, l'Impératrice et l'Empereur). L'étincelle de vie (le Fou) a mis en vous le feu de l'incarnation. Ici, l'Inspire et l'Expire vous sont donnés, dans le rythme de la vie. Vous avez en vous, désormais, le Souffle de l'Eternité. Vous êtes immortel.

Sa main droite, à la hauteur du cœur, souligne la nécessité d'Amour. La main gauche est en lien direct avec l'oreille gauche, réceptrice de la voix intérieure ; cette voix (ou voie) est clairement montrée par l'index et le majeur levés de la main droite : ils sont appelés « doigts de lumière » car ils la captent et lui permettent de descendre dans la paume, elle-même déjà remplie de la lumière émanée du cœur. Ainsi, la voix de l'Ame et la voie du cœur sont-elles indissociables.

Dans la religion chrétienne, le Pape retransmet, de par sa fonction, cette Lumière-Amour divine aux fidèles, dans le geste de la bénédiction (béné-diction = bien dit) ; c'est la voix juste émanant d'un branchement direct avec le divin.

La position de ses mains attire l'attention sur le cou relié au signe du Taureau, puissance de vie et de fertilité ; cette région du corps est le siège des organes de la communication permettant, la parole, l'écoute, et la claire audience.

- Les deux autres Personnages :

sont deux prêtres à genoux, dont on ne voit que la tonsure ! Le septième chakra est ouvert à la réception de La Lumière, qui descend en spirale vers chacun.

2. Reflète :

- Le recueillement, la paix, le Juste,... votre centre. Vos oppositions s'y rejoignent et fusionnent. Sentez l'achèvement et l'accomplissement, l'union avec votre Ame, votre Essence divine.
- Douceur, rigueur, sérénité.
- Rassemblement et coordination.
- Ici et maintenant, entendez la Voie de votre Ame. Votre Voix Intérieure, votre Intuition.

3. Signification profonde : Intelligence de l'Eternité Triomphante.

4. Rapport Astrologique : Signe du Taureau.

Ce n'est pas Aleph, la puissance vie illimitée. On a ici un animal non castré comme le bœuf, mais doué de sexualité et de la fertilité qui caractérise le taureau. L'homme doit le dominer par le joug qui était la forme primitive de la lettre VAW. Ainsi l'homme, en tant que VAW passe-t-il le harnais à la puissance vie.

5. Le 5 est une énergie androgyne, à tendance féminine.

6. Le mot clef est BOULEVERSEMENT.

Associée au chiffre 5 et à la lettre hébraïque VAV.

◈ L' AMOUREUX. LAME VI.
Les Deux Sentiers. Les Amants.

1. L'image :

- Les personnages sont ici au nombre de quatre, mais ils ne se situent pas dans le même plan : deux sont incarnés et se situent au premier plan, les deux autres ne le sont pas : l'Archange Raphaël, en arrière plan, directement relié à... l'Amour matérialisé par Eros. C'est par l'amour que l'homme retourne à Dieu.

Cet amour lui est donné par la rencontre avec sa « moitié »... sa compagne, la femme.

- L'Archange Raphaël, Ange guérisseur, les bras et le cœur ouverts, ouvre la porte de la connaissance : La Femme... La rencontre de deux êtres et l'amour qui nait, ouvre la porte. L'homme prend conscience de sa qualité d'homme incarné ; il n'est plus un esprit mais un être de chair sexué. Ayant connaissance de sa différence, il peut, désormais dire oui ou non à la vie ; il est devenu un être LIBRE DE CHOISIR. Il a de ce fait perdu le paradis.

- L'homme dans sa dualité, quitte ainsi le jardin d'Eden pour expérimenter son pouvoir de création. Il est ici recouvert de la PEAU, le vêtement qui le délimite, qui lui propose l'individuation : se séparer de Dieu pour le RE-CONNAITRE, renaître avec lui et par lui.

Cette dualité, perpétuel échange entre Animus (Action, Combativité, Décision) et Anima (Attente, Réceptivité, Acceptation), permet à l'Homme de retourner à Dieu. L'attitude des deux personnages le montre : l'homme (symbolisant l'animus de chacun) regarde la femme (symbolisant l'anima de chacun) car c'est elle qui a la clef du retour.

Dieu lui a révélé ce mystère quand il a créé EVE et l'a placée A COTE de lui (et non pas de la cote d'Adam...) dans le tétragramme sacré.

EVE, femme créée par Dieu s'écrit HE VAU HE, le YOD est caché en Elle.

Adam prend sa véritable dimension d'être immortel par le Yod qu'il cueille en Eve.

Il faut comprendre ici qu'Adam symbolise le Corps et Eve l'Ame de l'être créé. Il ne s'agit pas seulement de la rencontre amoureuse entre deux êtres incarnés.

2. Reflète :

- Rencontre Amoureuse et son mystère.

- Partage, échange, réciprocité, don sans attente de retour, Amour inconditionnel... En fait, les retours ne sont pas de ce monde ni de ces plans. Ils passent par le Très-Haut qui nous renvoie au centuple ce que nous avons initialement donné ; loi d'amour divin que nous avons tendance à oublier car nous sommes dans la peur de manquer.

- Guérison par le retour à la source, compréhension de la Cause Initiale, par l'Amour Inconditionnel.

- Dualité-opposition, union des contraires, l'attraction-répulsion étant le moteur de la vie, débouche sur la nécessité de se fondre en UN. C'est la loi de l'AMOUR.

Amour à l'intérieur de soi par union de son animus et de son anima, concourant à se réaliser dans l'être Androgyne que nous sommes en germe et dans le tout.

- Communication et échanges, puissance de la parole ; le Verbe est créateur.

- Affirmation de soi par le choix et la liberté de choix.

- Détermination du Moi et du Non-Moi, existence par rapport à l'autre dans son acceptation ou son refus verbalisé.

3. Signification profonde : Intelligence qui dispose.

4. Rapport astrologique :

Signe des Gémeaux où Mercure est exalté. Mercure, dieu des marchands et des voleurs, est aussi par le pouvoir guérisseur du Verbe, dieu des médecins. Ceci met l'accent sur l'importance de la communication et de l'échange dans la relation médecin-malade.

Dans les affaires, l'Amour et le respect de l'autre sont le gage de réussite de l'entreprise et de sa pérennité.

D'autre part Mercure est relié à l'odorat et au système nerveux ; c'est le sens de l'odorat qui nous relie le mieux au plan spirituel alors que paradoxalement, il est en communication avec la partie la plus ancienne de notre cerveau, le rhinencéphale. D'où l'expression : « avoir du flair,... marcher au pifomètre,... sentir une situation ».

5. C'est une énergie masculine, en ce sens que poser un choix ou prendre une décision sont du domaine de l'action.

6. Le mot clef est ADAPTABILITE.

Associée au chiffre 6 et à la lettre Hébraïque Zaïn.

◈ LE CHARIOT (Le Triomphe). LAME VII.

1. L'image :

- Le personnage est un général victorieux, campé entre son passé et son futur, le passé qu'il a géré et le futur que le présent laisse augurer (les deux lunes). Nous sommes les créateurs de notre vie (c'est pourquoi les voyants ne peuvent voir avec précision que notre passé, car il est inscrit dans notre « Aura »). Notre futur dépend de notre présent ; il s'écrira dans notre Aura en fonction de ce que nous sommes ici et maintenant. Nous sommes des êtres doués du pouvoir d'évolution et, en ce sens, notre futur est imprévisible. Le voyant imagine le futur le plus probable que lui laisse entrevoir la personnalité du moment... Il peut se tromper... car nous sommes des êtres LIBRES. Nous pouvons changer de personnalité et donc de futur !

Ce général est bardé de métal, d'argent et d'or, carapace pour cacher sa fragilité intérieure et son hypersensibilité. Il est dans un char mais ce char est de pierre ! Il dirige... mais ses mains ne tiennent aucun rêne ! Paradoxe !... Mais c'est bien avec le cœur qu'on avance... « L'essentiel est invisible pour les yeux »...

Il s'apprête à parler, à prononcer harangue ou éloges. Le Verbe est créateur... La parole a pouvoir de construction et de destruction.

2. Reflète :

- Calme et sérénité de la pause après la bataille. La lutte entre les opposés a été sévère, esprit et matière , ombre et lumière, inertie et mouvement se sont affrontés, dans un combat de Vie et de Mort... Mais, L'Etincelle de Vie a été la plus forte.

Elle brille à travers les ténèbres et les obstacles. Ces obstacles nous servent d'appui pour mesurer notre force,

- Courage, et combativité.

- En découle l'idée de victoire et de triomphe après la bataille, le repos du 7ème jour, la création accomplie... Le Devoir accompli... « *Et Dieu vit que cela était bon* ».

- Atteinte de l'absolu procurant sérénité.

- Sentiment d'un centre de force irradiant, par sa puissance la tranquillité, la paix, car invincible.

- Abolition du temps. De même, l'illusion que l'espace est limitant tombe.

3. Rapport astrologique : Le Signe du Cancer.

- Bardé de sa carapace dont il se débarrasse de mue en mue à chaque fois que sa croissance l'y oblige, il transforme sans cesse la Lumière de vie qu'il reçoit.

- On comprend ainsi pourquoi les Cancers sont si timorés et si vulnérables, pourquoi la timidité qui les caractérise leur sert de carapace. Ils doivent accepter de subir l'épreuve du feu pour atteindre la pleine Lumière.

4. Sa signification profonde : Intelligence du Pouvoir qui coule à flot.

Le TOUT s'écoule à travers la personnalité de cette incarnation... la « PER-SONA »... ce à travers quoi le son sonne... Les acteurs de l'antiquité jouaient la comédie derrière un masque ; seules, les intonations de la voix rendaient compte des sentiments incarnés par l'acteur. Le Verbe se fait chair.

Nous avons de multiples facettes reflétant le tout auquel nous sommes toujours reliés. Notre essence divine se sert de la personnalité donnée dans l'incarnation du moment pour l'enrichir.

5. Energie Masculine.

6. Le mot clef est EVOLUTION SPIRITUELLE.

Associée au chiffre 7 et à la lettre hébraïque Chet.

◈ LA FORCE. LAME VIII.
(...LAME XI dans le Tarot de Marseille)

La signification du 8 est la même que celle du 11 :
il s'agit d'un équilibre à tenir coûte que coûte !

Le dessin même de l'image suggérant les deux boucles verticales du 8, nous avons préféré lui attribuer la valeur 8.

1. L'image :

Le Lion représente la Force à l'état Brut, nos pulsions, nos instincts...
Dame Nature... les éléments de la vie.
Il est dominé avec douceur et tendresse, mais fermeté, par une femme, victoire de l'Esprit sur la matière.
Ses bras dessinent un huit, équilibre entre le haut et le bas, l'Esprit et la matière, le Visible et l'invisible.
L'union se fait ainsi, entre l'homme et la bête.
Le 8, éternel recommencement, force manifestant la puissance créatrice du Verbe décuplée par l'Amour qui ouvre la porte. Le 8 horizontal, symbole du chakra cinquième, laryngé et de la glande thyroïde en forme de papillon, fait prendre conscience à l'homme de sa position médiane entre le Moi et le Non-Moi. C'est la relation qu'il a avec son alter-ego, la création qui l'environne.

Le 8 horizontal représente la dimension féminine de Dieu. C'est le symbole mathématique de l'infini.
Le 8 vertical représente sa dimension masculine, la capacité que nous avons de nous relier à Lui, et donc de transcender ce que nous voyons en bas.
L'Amour divin illumine son œuvre en descendant sur elle.

2. Reflète :

- La Force. Les puissances de la VIE délicatement ordonnancées et apprivoisées dans un but évolutif.
- Ressource illimitée de notre potentiel personnel éclairé par notre essence divine.

- En tant qu'homme, il nous est donné de dominer la création. Ce cadeau réside dans la faculté que nous avons de nous exprimer par la Parole (cf : lame 6). Par la parole, nous donnons le NOM, et ainsi nous individualisons chaque être en lui permettant d'exister seul et d'être indépendant. La verticalité de l'homme libère le larynx et la main. Par lui le Verbe créateur donne un nouveau souffle à la création achevée en 7. Le FEU régénère le FEU.

- Les deux boucles du 8 suggèrent la dualité de deux forces opposées et donc complémentaires. Cela crée de ce fait une tension génératrice de mouvement et d'énergie.

- Le point entre les deux boucles est une porte qui, franchie, donne accès à l'autre monde, celui de l'invisible, d'où la notion de médiumnité reliée à cette lame.

3. Rapport astrologique : signe Astrologique du Lion, roi des animaux.

4. Signification profonde : Intelligence du Secret.

Le secret de la vie, le secret de la connaissance, le secret de l'éternelle jeunesse ; ceci nous met en relation avec le pouvoir médiumnique de chaque être. C'est cette particularité du centre du 8 qui nous permet d'être entre deux possibles : esprit/matière, ombre/lumière, visible/invisible , êtres incarnés/êtres désincarnés. Chaque être humain peut y avoir accès. Soit cet accès est facile, et cela s'appelle un don ; soit cet accès est difficile et il devra s'acquérir au prix d'une lente évolution, voire de plusieurs vies au cours desquelles l'individu développe ses facultés supra sensibles. En effet, chacun de nos cinq sens nous donne des perceptions dans le monde visible incarné (le bas du huit) :

La vue . . . . la vision
L'ouïe . . . . l'audition
La peau . . . . le toucher
Le nez . . . . l'odorat
La langue . . . . le goût

Chacun d'entre eux possède son double dans le monde invisible (haut du huit) :

La vue	la clairvoyance
L'ouïe	la claire-audience
La peau	le ressenti
Le nez	la perception de l'odeur caractéristique de chaque Etre, plus ou moins agréable selon son degré d'évolution
La langue	la perception de saveurs particulières, d'essences délicates.

On peut adjoindre quelques autres facultés :
La capacité à se mouvoir existe dans le physique et dans les autres plans.
Il s'agit de la télékinésie, de la lévitation ou de la décorporation astrale.
La pensée s'étend à la télépathie.
Nous sommes des êtres infiniment complexes... On le pressent ici...
Et encore, n'utilisons-nous aujourd'hui que 8% de nos facultés cérébrales !!!

5. C'est une énergie masculine.

6. Le mot clef est CRISE.

Associé au chiffre 8 et à la lettre hébraïque Thet.

◈ L' Ermite. LAME VIIII.
L'Ancien des Jours.

1. L'image :

Il s'agit d'un personnage masculin, debout au milieu de la nuit, porteur de lumière, et au sommet d'un pic, humble parmi les humbles. Sa richesse est intérieure, visible, cependant, car symbolisée par la lumière dans le fanal. Il l'a accumulée au fil du parcours de ses expériences, faites âprement sur le sentier de la vie. Il a gravi les épreuves de son destin avec persévérance et opiniâtreté jusqu'à unir en lui tous ses opposés, tiraillé entre désir et sagesse. Il a ainsi uni en lui ses lumières et ses ténèbres.

La porte d'Entrée s'ouvre par la Volonté de se rencontrer.

La voie peut passer par la connaissance et le savoir matérialisés par le bâton.

Le chemin est un chemin de Sol-Itude, de lumière grandissante à l'image du développement de nos corps subtils et de l'ouverture de notre cœur, pour faire de nous des êtres rayonnants, des petits soleils, des porteurs de Lumière.

L'expérience acquise par l'un profite à l'autre en ce sens que celui qui l'a acquise rayonne d'un éclat nouveau, mais il ne peut en transmettre que l'éclat ; l'expérience doit être vécue par chacun d'entre nous et ce vécu est irremplaçable, les mots ne peuvent le transmettre.

Chacun de nous appartient à un groupe et à l'humanité toute entière.

Chaque être en évolution élève l'ensemble du groupe et de l'humanité comme le levain lève une pâte ; chaque être en involution induit l'effet inverse sur le groupe et sur l'humanité entière.

2. Reflète :

- Introspection.
- Solitude.
- Humilité.
- Expérience, savoir et connaissance gagnés après l'effort.
- Union des opposés, nuit au-dehors, lumière au-dedans.
- Service et don de soi.

- Rectitude, honneur, probité.
- Espoir dans les ténèbres glacées.

3. Son rapport Astrologique : Le signe de la Vierge.

Ce signe gouverne l'intestin grêle ; dans cette zone du corps, cachée dans l'obscurité des viscères, s'opère le tri ultime entre le subtile et l'épais, les humeurs et la matière. Là s'élabore le chyle, substance blanche, laiteuse et le sable jaune. Le chyle passe dans le courant sanguin et nourrit les cellules, le sable jaune est conduit à l'épiphyse. Cette glande, encore appelée « glande pinéale », est reliée au chakra septième, porte de l'immortalité ; elle permet le développement de nos facultés suprasensibles ; elle est en cours de réactivation pour la race actuelle de l'humanité. De ces deux substances, dites pures, se séparent les résidus « impures », les fèces, évacuées par le gros intestin.

Préside l'idée de tri et de discrimination.

4. Sa signification Profonde : Intelligence De Volonté.

5. L'Energie 9 est féminine.

6. Le mot clef est PATIENCE.

Associé au chiffre 9 et à la lettre hébraïque Yod.

◈ La Roue de Fortune. LAME X.

1. L'image :

- Complexe, elle présente plusieurs points d'attache du regard. C'est la première lame où il n'y a pas de personnage, créature humaine centrale, unique ou multiple.

Priorité est donnée au symbole : le cercle, la roue, la sphère, le mouvement tourbillonnant, la spirale sous-tendant le Souffle Divin, Amour et Lumière... Le mystère Divin est là, devant nous.

C'est la dixième lame... 1 devant le 0... : l'homme devant Dieu ; une fois le cycle accompli en 9, il se retrouve face à son créateur, pour un nouveau départ avec lui. L'homme est acteur de sa vie, mais s'il accepte la collaboration de Dieu, elle s'illuminera d'amour au lieu de lui peser dans le froid la tristesse et la solitude... Ouverture de tous les possibles...

- La roue :

Triple dans son dessin, représente l'expansion du point, développé dans les directions de l'espace : les principaux axes nord-sud, est-ouest représentent le tétragramme sacré de Yéovah, la croix de l'incarnation-descente de la Lumière dans la matière, inspiration-expiration par le Souffle Divin. Les autres axes définissent des plans de travail différents, le moteur est la dualité, le but : l'unification et l'expansion par le mouvement de la Vie.

- Autour de la Roue : Diverses créatures, dont le Sphinx, à la fois féminin et masculin, la dualité réalisée en Dieu (couleur bleue, celle des chakras, sixième et septième). Il garde en main l'épée de la sacralisation de l'homme, créature Inspirée, chevalier adoubé ; l'épée, en ZAÏN, rappelle que la liberté de choix est indispensable à ce mouvement évolutif qui, sans cesse répété, pose le problème de la quadrature du cercle, de la transcendance de la matière (4) par l'esprit (3). L'homme en tant que (7) est relié à son Créateur (22) par le rapport PI (3.14116...), ce rapport est infini et imprévisible. En effet on n'a jamais pu mathématiquement établir de suite prévisible et définissable aux décimales de ce nombre. L'homme s'unit à Dieu dans ce cercle :

la circonférence = Dieu = 2 x pi x R,

dans laquelle l'homme représente 2 x R, où R est une des faces de sa dualité.

Les autres figures, aux angles de la lame, obéissent à un mouvement, tournant dans le sens inverse des aiguilles d'une montre. Ce mouvement ascensionnel, de la matière au Divin, est nécessairement lévogyre, par opposition à celui dextrogyre de la création, où la lumière descend dans la matière.

Jupiter, nom grec de Yéovah, foudre et puissance de l'éclair, intime le changement ; cette roue exprime la ridicule apparence des répétitions que la vie nous offre pour que nous y apprenions nos leçons. Ces leçons nous polissent et nous bonifient au fil des ans. Si, cependant, nous savons comprendre et résoudre les énigmes posées par le Sphinx, nous grandissons en Dieu et nous en trouvons épanouis.

2. Reflète :

- Cycles de la vie, rythme haut et bas des vagues, de la sinusoïde de la vie, mouvement des marées sans cesse renouvelées.
- Aspiration, Inspiration,... expiration... Transformation.
- Sphère tourbillonnante de la rotation de la Vie, la plus pure représentation symbolique du Yod, le Très Haut.
- Force et puissance du souffle. On prend conscience, ici, du souffle créateur, générateur de toute vie. Evoluer dans le plan de Vie se ressent comme une expansion nécessaire... Attraction débouchant sur l'extase mystique, l'immense boule de Lumière et d'Amour présente dans les N.D.E.
- Nécessité de lavage et de décapage de nos limitations, comme dans le tambour d'une machine à laver.
- Spirale évolutive... ou cercle infernal ?

Nous sommes dans le labyrinthe initiatique de nos problématiques.

Un même problème se répète inlassablement, nous faisant tourner en rond, tant que notre mental seul y travaille. Dès que nous nous laissons aspirés par un élan d'amour, la solution apparaît ; nous nous sentons libérés, en paix, grandis, VIVANTS ; la quadrature du cercle est résolue par la cinquième dimension de l'Amour, la pacification.

On saura l'avoir atteinte quand la problématique se sera effacée de notre vie ; le cercle est devenu spirale évolutive... ascenseur vers Le Très Haut...

3. Rapport astrologique :

Jupiter planète de l'expansion, du contact, de l'ouverture, relie les êtres et leur donne la sensation de participer à l'ordre cosmique. Il gouverne le plexus solaire anatomique, siège du petit moi, un des cerveaux végétatifs, qui régule les échanges physiques intra corporels. Il est fait de deux ganglions nerveux importants, chacun en demi-lune, se faisant face pour être à eux deux une sphère complète. En fait ce plexus solaire capte des énergies de nature lunaire (les émotions) et réfléchit des énergies de nature solaire (les pensées) à l'image de ce qui se passe dans l'univers entre lune et soleil. Le plexus solaire est l'incarnation de l'énergie Christique qui nous habite, ce qui justifie véritablement son appellation solaire.

4. Signification profonde : Intelligence de Conciliation et de Rétribution.

Jupiter, le médiateur de l'Amour ouvre les plans, recule les limitations, fait fondre les frontières pour s'enrichir en acceptant la différence.

Jupiter rétribue ceux qui cherchent : « frappez et l'on vous ouvrira, cherchez et vous trouverez ». On l'appelle Seigneur de Fortune (Fortune majeure par opposition à Vénus, fortune mineure).

Jupiter en ouest, Vénus en est, sont reliés par l'axe de MEM, les eaux primordiales.

Vénus octave mineure de l'Amour s'expand en Jupiter, Jéhovah, octave majeure de l'Amour à travers la materia prima de l'incarnation.

5. Energie androgyne, à tendance masculine.

6. Le mot clef est EXPANSION.

Associée au chiffre 10 et à la lettre hébraïque Kaph.

◈ **La Justice. LAME XI.**
(...VIII dans le Tarot de Marseille)

Le huit ou le onze ont même signification :
Pour le huit, l'équilibre est vertical,
pour le onze, l'équilibre est horizontal.
Les deux chiffres 1 du nombre 11 représentent les deux plateaux de la balance.

1. L'image :

- Le personnage est une Femme blonde, elle fait référence à l'Impératrice, incarnation de l'Amour Divin ; le rouge du pouvoir de la justice la revêt : la justice s'entend à plusieurs niveaux :

- la justice des hommes, lourdeur de la magistrature et des institutions, la justice du Dieu vengeur de Caïn, proche du Maître du karma (on récolte ce qu'on a semé).

- la justice de l'Amour, particulièrement expérimentée dans la condition humaine. La souffrance, en effet quel que soit son visage, est toujours générée par le manque d'Amour. Chaque occasion, le plus petit instant où nous manquons d'amour vis-à-vis d'autrui - et donc de nous-même - nous met dans la souffrance, nous éloigne de notre Image (l'idéal de nous même et... de Dieu). Cette souffrance est là parce que nous avons le choix : celui de l'évolution (retourner à la Source), ou celui de l'involution (nous séparer de la Source). Souligne ce choix la position des deux mains : la gauche tient la balance, l'équilibre, en face du plexus solaire, siège du petit moi, transcendé par l'énergie Christique ; la droite, tient l'épée, tranchante ; elle capte l'énergie du Ciel. Les deux mains se partagent le travail de réconciliation entre le petit moi, égocentrique, et le soi, essence divine ; le juste équilibre s'atteint dans l'Amour.

- L'épée : présente sa lame frontalement comme en geste d'adoubement, les deux fils, visibles, manifestent le tétragramme sacré, il est ici écrit de bas en haut, prêt à descendre sur l'homme face à son destin. Il le fait chevalier de lui même... et de l'autre...

- Le pommeau de l'épée est en rapport avec la Balance ; elle semble immobile (la Justice de Dieu est impénétrable et implacable) ; la demie lune des plateaux rappelle le rapport de l'homme à Dieu (pi, rapport de rayon au cercle !). L'énergie solaire du Logos incarné se reflète dans le plexus solaire de l'homme, en regard de la balance. Ce cerveau végétatif, se situe par devant les reins, organes de l'équilibre intérieur par leur fonction d'élimination des déchets organiques de régulation du système cardio-vasculaire et de la fabrication du sang. Les reins régissent ainsi la composition des liquides du corps, et l'harmonie de l'eau de notre corps : le système cardio-vasculaire, lui, la circulation de ce liquide.

Rein et cœur sont ainsi étroitement liés. Ils constituent l'axe énergétique de notre monde intérieur, axe EAU (rein) - FEU (cœur), pivot de l'individu, centre profond de son alchimie.

Si, de ce fait l'Intérieur est primordial pour l'équilibre de chacun, il est important aussi, de préserver l'Extérieur ; mais attribuons au regard de l'autre une juste importance.

Soyons donc UN JUSTE parmi les Justes et... devant Dieu, LE JUSTE par excellence.

2. Reflète :

- Juste mesure, équilibre.
- Complémentarité, opposition, dualité.
- Centrage ; le centrage réalisé, l'harmonie s'installe à l'intérieur comme à l'extérieur.

Il faut seulement être juste par rapport à soi-même.

- Fidélité... à soi-même... au SOI lui-même, son essence Divine apporte paix et sérénité.
- Rigueur, sévérité, mais aussi Miséricorde et pardon ; aller au-delà du don, par le Pardon à l'autre et surtout à soi-même, permet de rencontrer son véritable soi, de s'accepter dans ses imperfections.
- Sincérité, Honnêteté engendrent l'épuration, l'élimination du superflu, des voiles scellant la véritable personnalité, pour aller vers toujours plus de transparence, d'assise.
- Légèreté du cœur et de l'esprit apparaissent. Au Jugement Dernier, chez les Egyptiens, l'Ame est pesée, et comparée à une plume ; si la plume fait pencher la balance de son coté l'entrée au paradis est refusée. Chez d'autres, l'Ame est comparée à de l'or ; il s'agit de l'OR - LUMIERE, l'OR - AMOUR DIVIN ; en fait tout est AMOUR. Le don se multiplie par lui-même, mais le Pardon conduit encore plus loin à la vacuité et à la véritable liberté.

- La Justice Divine, qui n'est pas celle des hommes, nous conduit, par des voies impénétrables, à notre réalisation.

3. Rapport astrologique : Signe de la Balance

Nécessité d'équilibre et d'harmonie.
Sens aigu de la Justice, de l'Ordre et de la Beauté.
Epuration et régénération.

4. Signification profonde : Intelligence de Fidélité.

Etre fidèle au karma qu'on s'est choisi, la somme des épreuves qu'on s'est tissées en scénario de Vie pour mettre de l'Or dans notre quotidien... Grand Œuvre Alchimique de la transformation du plomb (Métal de Saturne, les limitations de la routine) en L'Or de l'Amour. Savoir dire oui au plan d'Evolution que Dieu propose, reconnaître cet immense désir de bonheur, moteur de notre quête. Quel formidable défi que de garder confiance, même si on ne comprend pas toujours le sens de l'épreuve, c'est celui que s'est donné la nature humaine.

5. C'est une énergie féminine.

6. Le mot clef est EQUILIBRE.

Associé au chiffre 11 et à la lettre Hébraïque Lamed.

◈ Le Pendu. LAME XII.

1. L'image :

Le personnage : un homme suspendu par une corde nouée au talon gauche a les mains derrière le dos. Immobile par la corde qui le noue mais tout vibrant des oscillations de la vie par sa posture de pendule, il mêle l'action à la méditation (rouge et bleu) ; androgyne, il unit le féminin, par sa posture et le masculin par son aspect extérieur ; il unit aussi tous les opposés : haut et bas (tête en bas, pieds en l'air), intérieur et extérieur par sa position dans l'espace.

La tête, auréolée de Lumière, irradie la terre : l'homme se réalise en marchant sur la tête ! « *ce qui est folie aux yeux des hommes, est raison aux yeux de Dieu* » ! Ce message est gravé dans la pierre : « l'homme retourné de Vézelay. »

Pour ce faire, une seule solution, rester relié au Grand TOUT, à la Grande Mère par un cordon nourricier ; son attache, virtuelle sur le cou de pied, illustre que nous restons libres de le garder ou non. Sa place, au talon rappelle notre fragilité : « Le Talon d'Achille », nous croire seul alors que nous sommes en permanence nourris et créés par la spirale de la Vie.

Cet être, suspendu dans un abandon total, se balance au bout de la corde qui le nourrit, selon des oscillations périodiques, rythmées par les battements du cœur de la Puissance Vie. L'immersion dans ce bain d'Amour le régénère.

2. Reflète :

- Immobilité, immobilisme.
- Inertie, Non-Agir... captivité, emprisonnement.
- Lâcher-prise, méditation, transcendance, fusion avec le Grand Tout.
- Abandon dans l'extrême confiance, liaison, relation indestructible et permanente avec le Grand Tout, la Mère cosmique qui nourrit chaque être.
- Centrage.
- Inversion des propositions et actions ;
- Miroir... réflexion puis intériorisation pour atteindre son soi profond.
- Silence.
- Dissolution, Pacification, Pardon.

3. Rapport astrologique :

La planète Neptune, planète du Flou et des grands idéaux... des brumes de l'inconnu et des mondes magiques. La découverte de cette planète fut contemporaine de celle des gaz et vapeurs anesthésiques ; surtout l'éther - ou mieux le vinether - qui ont permis de nets progrès en chirurgie. L'homme a appris à renaître à lui-même après immersion dans un sommeil induit !!! et réparateur !

4. Signification profonde : Intelligence De Stabilité.

La sécurité est en Soi, en son centre, malgré les turbulences extérieures, les vents apparemment contraires ; la mutation est toujours nécessaire mais Dieu ne nous abandonne jamais.

5. C'est une énergie Féminine.

6. Le mot clef est DECONNECTION.

Associée au chiffre 12 et à la lettre hébraïque MEM.

◈ L' Arcane sans nom. LAME XIII.

1. La lame :

- Le personnage est un squelette : l'image traduit le dépouillement à l'extrême ; ne reste en place, après l'épreuve, que l'os, l'armature du corps, tout le reste (peau, muscles, sang, organes) est absent. Le personnage, asexué, est réduit à l'essence-ciel. Il est décapé, androgyne, dans son retour à la source. Un mouvement de torsion, insoutenable sur le vivant, le vrille en plusieurs points de son axe ; il doit expurger jusqu'au tréfonds de son être pour repartir à neuf, tel un ressort, comprimé à son maximum, rebondira au plus loin de ses possibilités, une fois la pression relâchée.

Les points de torsion siègent à des endroits précis : au niveau du Rein, racine de la Vie et au cou, organe de la Parole et de l'individuation. Par les points de rupture de sa colonne vertébrale, il rencontre la sinusoïde de la Vie et découvre, en lui, les dimensions insoupçonnées du Divin... Se rompre à l'adversité, pour se dissoudre et se recréer.

- La faux : la lame est d'acier, et appelle Mars, l'action. Par sa forme, elle relie à la Grande Prêtresse le monde de l'invisible, la partie féminine de Dieu.

Son manche a la forme d'un Tau, croix amputée de sa partie supérieure, tétragramme sacré Yod, Hé,Vau Hé, sans le Yod. La lumière a disparu le tétragramme se réduit à Hé, Vau, Hé : EVE-EVE, le pôle féminin de l'homme est dénué de lumière car il représente les eaux primordiales, la Materia Prima, révélatrice de la lumière qu'elle porte en son sein. C'est à travers la lente descente vers l'incarnation que la lumière originelle se voile ; mais elle se révèlera encore plus brillante par les épreuves de la Voie du Retour ; car même voilée elle demeure présente en nous...

Tout s'obscurcit quand on chemine dans la matière, jusqu'à nous faire parfois douter de l'existence même de cette lumière essentielle, essence-ciel, pourtant reliée au Grand Tout par le fil d'or de la vie ou... la corde d'Argent... Ce fil que les Parques viennent couper lorsque le moment de la mort physique est venu. Au travers des épreuves il faut à chaque fois mourir à soi-même... abandonner une peau, une couche.

Donc moissonner les expériences passées pour aller vers des expériences nouvelles (mains allongées, mains relevées) de rigueur en miséricorde (les deux têtes). Le désir, purifié, se renouvelle sans cesse.

2. Reflète :

- Nécessité impérative et obligatoire de dépouillement à l'extrême, décapage jusqu'à l'ultime... « plus blanc que blanc »...
- Apreté de l'épreuve jusqu'à la perte de son Identité, sentiment de dissolution et de perte des repères.
- Purification.
- Anéantissement.
- Sentiment d'implacabilité du destin, Fatalité insurmontable.
- Le souffle Divin déshabille l'être de toutes ses enveloppes... superflues. C'est le dépouillement qui aboutit à l'Essentiel... l'Essence-Ciel...

Plus rien ne compte que la survie.
- Abandon, Deuil, Acceptation.
- Nécessité Impérative de réorientation de sa vie par des virages à l'emporte-pièce... volte-face.
- Refonte de soi, désintégration contenant en germe un nouveau départ.

3. Rapport Astrologique : Signe Astrologique du Scorpion.

La fonction de reproduction lui est attribuée ; signe à la fois de feu et d'eau, il a la capacité de renaître de ses cendres, comme le Phœnix. Il est également le signe des transformations.

4. Signification profonde : Intelligence Imaginative.

5. C'est une énergie masculine.

6. Le mot clef est RUPTURE.

Associée au chiffre 13 et à la lettre Hébraïque : NUN.

◈ La Tempérance. LAME XIV.

1. L'image :

Le personnage est une créature ailée, d'allure plutôt féminine ; souplement penchée sur le côté, elle mêle les opposés, dans un mouvement d'éternel recommencement.

L'homme, statue de terre mêlée d'eau, insuflé de Vie, renvoie La Lumière divine à chaque souffle ; composé à 70% d'eau, il se comporte comme un prisme, décomposant la Lumière blanche dont il est issu en ses sept couleurs fondamentales. Il est l'Arche d'alliance entre le créé et l'incréé, comme l'arc-en-ciel après la pluie... Nous sommes les yeux à travers lesquels Dieu regarde sa création !

Ces mêmes couleurs, émanées de nos centres énergétiques ou chakras, constituent notre aura, nuage coloré et changeant qui entoure notre corps physique.

Chaque individu, unique et irremplaçable, rayonne des couleurs caractéristiques de sa personnalité ; 70% d'eau ! 7 le nombre de la Création parfaite... de : « MICKAËL », « Qui est comme Dieu », archange envoyé pour faire le lien entre Dieu et sa créature ; Mickaël, archange auquel cette lame est reliée, symbole de solidité et cependant aussi de changement par le polissage de L'Amour.

2. Reflète :

- Mélange de douceur et de force, d'eau et de feu.
- Solidité.
- Union avec une dimension indéfinissable et large, dépassant le petit moi.
- Sentiment de certitude et de sécurité, donnant paix et bien-être.
- Relation directe avec le Très Haut, dans une transformation douce et permanente d'élévation.
- Mélange de l'émotion et de la raison avec nécessité de les transcender, accepter d'être façonné par les épreuves de la Vie.
- LUMIERE DIVINE irradiant la Matière pour la sublimer.
- Aspiration dans la verticalité et, en même temps, soutien infaillible.

- Transformation douce par mutations successives.
- Curiosité, recherche, innovation, désir de découverte, plaisir sans cesse renouvelé de la quête.
- Expansion progressive par étapes réfléchies.
- Maturation lente, solidement étayée à chacune de ses phases, dont le fil conducteur reste le Divin en soi, ici figuré en l'ange gardien.

3. Signification profonde : Intelligence de Probation.

4. Rapport astrologique Signe du Sagittaire.

- Signe de feu, caractérisé par sa curiosité, sa vivacité d'esprit et son ouverture.
- Son maître est Jupiter : celui qui fait le lien avec nécessité d'expansion. Rappelé dans la lame par l'arc-en-ciel, le Sagittaire est celui qui, se donnant un but pour cible, se doit de l'atteindre par ses flèches. Se dessine le schéma de fonctionnement suivant : intention, volonté, objectif à atteindre, but réalisé. De plus, le Sagittaire est la 9ème maison du zodiaque, celle des Religions et de la philosophie… Toutes les aspirations de l'homme.

5. L'énergie 14 est androgyne, à tendance féminine.

6. Le mot clef est MUTATION.

Associée au chiffre 14 et à la lettre Hébraïque Sameck.

◈ Le Diable. LAME XV.
Lucifer (Luci-Ferrentes) le porteur de lumière.

1. L'image :

- Le personnage central : Le Diable, grotesque, suscite plutôt le rire quand il est vécu de l'extérieur, dérisoires sont les choses auxquelles nous accordons une importance si grande qu'elles nous enchaînent. C'est la descente aux enfers, l'emprisonnement et le nombrilisme. L'Etre qui s'est mis dans ce piège a son regard centré sur son nombril, son petit moi et ses exigences, ses peurs et ses pulsions. Son regard n'est pas ouvert sur le monde. Il devient incapable de don et d'ouverture vers d'autres possibles que ceux qu'il a déterminés. Peu à peu il s'enferme dans des schémas de pensée, dans des habitudes de vie qui le coupent d'autres réalités, même de toute possibilité de changement, prisonnier des frontières qu'il a construites.Tout son environnement, quel qu'il soit, devient alors un ennemi. La place n'existe plus pour l'amour, l'échange, la communication. Tout n'est que tristesse et désespérance. Chaque être expérimente cet état dans sa vie et parfois dans plusieurs domaines ; cet état d'esprit montre alors jusqu'où chacun peut descendre dans l'égocentrisme et la misère sous toutes ses formes. A un moment, la souffrance est tellement grande qu'elle oblige à s'interroger et à réagir ; ainsi agit le diable (Lucifer : Luci-fer Luci-lumière, Fer-ferrentes, porteur) LE PORTEUR DE LUMIERE.

Cette souffrance, ces ténèbres font prendre conscience que la lumière (LUX) existe et se trouve au bout du tunnel.

Chaque épreuve est difficile, mais contient en elle l'espoir et l'évolution. Au bout du tunnel un merveilleux cadeau ! La difficulté vient de ce que nous ne savons pas le voir et nous ne le reconnaissons pas quand il arrive, car le plus souvent ce cadeau ne correspond pas à ce que nous désirons mais à ce qui est bon pour nous. St Paul : « *Seigneur si l'objet de mes désirs m'était contraire, daigne ne pas me l'accorder* ».

L'épreuve contient la récompense en son sein comme le Yin chez les chinois contient le Yang et réciproquement. C'est la loi du TAO, notre dualité manifestée. Le Diable nous fait évoluer, il nous fait évoluer par le regard que nous portons sur les choses et qui doit changer ; il nous aide à « séparer » les choses pour mieux les comprendre, DIA-BOLEÏN ne signifie t-il pas diviser ? Ce pouvoir de séparation (« couper les cheveux en quatre ») conduit à l'extrême, à cette sensation d'isolement. Tout n'est alors qu'une question de choix (15 = 1 + 5 = 6) :

Ou nous renforçons cette limitation par l'illusion de la séparativité et de la solitude, et nous nous enfonçons dans le petit moi, l'égocentrisme et nous subissons la descente « AUX ENFERS » ;

Ou nous regardons cette limitation comme un tunnel transitoire proposé pour notre évolution, et cette limitation recule, éclairée d'un jour nouveau ; elle devient structure permettant l'ouverture et l'expansion.

L'accent est mis sur le regard : il louche ! Ce qui est comique exprime aussi la dualité, moteur d'évolution. « Errare humanum est, perseverare diabolicum... ».

- Les deux autres personnages :

Ravalés au rang animal par leurs attributs cornes, queue, sabots, sont enchaînés à la matière... Cet attachement n'est pas si facile à délier : seul le Verbe (comme le souligne le cou encerclé) est libérateur.

L'absence de communication est source d'enfermement et abaisse l'homme au rang de l'animal. Alors il ne détient plus son pouvoir de Créateur par le Verbe qui fait de lui un Dieu. Il ne se donne plus de liberté, il n'use plus de sa possibilité de choix ; on peut faire ici le parallèle avec la lame n°6 qui est le choix dans la lumière (source de bonheur) et celle-ci la lame 15 qui est ténèbres, absence de choix, source de malheur ; mais tout n'est qu'apparence, car il est aisé de se libérer de cette chaîne. Il suffit de parler, de dire oui ou non en conscience, de s'exprimer pour être créateur à nouveau de sa propre vie et recouvrer alors son espace de liberté.

2. Reflète :

- Emprisonnement-enfermement.

- Ténèbres-descente au fond d'un trou, au fond d'un puits ; mais quand on touche le fond, son propre fond, on ne peut que remonter il faut juste pousser du pied sur ce fond ; d'où la solution cachée de l'Evasion, de toute situation semblant inextricable : ...l'Espoir.

- L'image est tellement grotesque qu'elle en devient ridicule, et suscite le RIRE, celui-ci chasse les ténèbres, introduit la liberté. Les peurs, les craintes deviennent alors dérisoires, ce ne sont que des barrières à dépasser.

« Le rire est le propre de l'homme »... Chaque espèce a son langage mais aucune ne sait rire ; là, se trouve le potentiel évolutif de l'homme ; rire de lui même.

- Jeu et dérision.
- Plaisirs... Libertinage... Luxure...

3. Signification profonde : Intelligence de Renouvellement.

L'épreuve, proposée par Lucifer, génère l'évolution. Quand tout va bien, rien ne bouge, quand l'épreuve surgit il faut trouver la clef pour la dépasser. Lucifer démontre la relativité de toute chose. Rien n'est acquis, la vigilance est de mise perpétuellement, le changement n'est que bénéfice.

4. Rapport astrologique : Signe zodiacal du Capricorne.

Signe de terre et de responsabilité par excellence dont le maître est Saturne.

5. L'énergie 15 est une énergie masculine.

6. Le Mot clef est RIRE.

Associée au chiffre 15 et à la lettre Hébraïque : Ayin.

◈ La Maison Dieu. LAME XVI.

1. La lame :

L'obscurité et le froid de l'Ignorance sont brutalement illuminés par la foudre divine qui met le feu aux poudres, ici, le haut de la tour.

La tête, la cime, le plus haut de l'être s'écroule. Ce que l'on croyait primordial n'est plus, la couronne où siègent les quatre MEM a chu (MEM les eaux primordiales, le fondement de l'être, 4 la matière, d'où 40 x 4 = 160 nombre de la Maison Dieu, l'écroulement devant le divin).

L'homme en voulant s'apparenter à Dieu, se perd dans la matière ; son erreur lui est fatale. Il est foudroyé dans ses trois dimensions, physique, psychique et spirituelle comme l'indiquent les trois fenêtres en flamme.

Le Feu Divin s'attaque à la tête... « ce qui est en haut est comme ce qui est en bas ».

Le mental décapité correspond à la montée de la kundalini, lovée au chakra 1er, bas de la colonne vertébrale ; cette flamme court ensuite le long de la moelle épinière comme le long d'une mèche reliée à une bombe. Il y a explosion... Prise de conscience brutale et irréversible de la précarité de ses schémas de fonctionnement. Il faut impérativement renaître, comme le suggère la position tête en bas des deux personnages ; l'accouchement (passage à la vie), se réalise en effet tête en bas.

La trajectoire du fœtus représente une spirale, analogue à celle de l'éclair... Or, contrairement à ce que notre œil enregistre, cet éclair n'est pas une figure géométrique anguleuse et brisée mais une spirale de lumière aux larges boucles, (cela a été démontré par la photographie)...

La naissance suppose de lâcher le monde fusionnel de l'eau, MEM pour celui de la matière (4) et des ses éléments constitutifs (lumière, air, feu, terre) en inspirant Le Souffle.

Quel bouleversement !

Renaître à d'autres dimensions !

On découvre ici la véritable signification du 16 : 1 devant le 6, l'homme à la sortie du jardin d'Eden (lame 6), doté du pouvoir du Verbe (importance du cri à la naissance), de la capacité de créer pour devenir comme Dieu (1 + 6 = 7).

L'éveil à sa véritable nature, divine, entraîne l'être dans une spirale ascendante.

2. Reflète :

- Ecroulement, anéantissement, effondrement.
- Foudroiement, sensation que le ciel tombe sur la tête : illumination du mystique ou éclair de génie du savant, il s'agit de toute façon d'un EVEIL car la lumière vient de l'Est.
- Toute expérience bouleversante qui change le cours de l'existence : accident de la circulation, annonce de décès, maladie grave avec pronostic de mort à brève échéance, sensation de mort imminente.
- Violence, brutalité, meurtre.
- Ecrasement, destruction, tempête, cataclysme.
- Colère, folie furieuse.
- Se décaper de ses blindages pour repartir vers autre chose : se mettre à NU.
- Nécessité de retrouver son cœur d'enfant, sa candeur et son ingénuité.
- Abolir les idées reçues et les fausses croyances, se laisser décapiter par l'épée de justice ; recevoir le NON de Dieu à la réalisation de ses désirs les plus chers. Accepter un éclairage nouveau pour renaître plus pur.
- Chute douloureuse et effrayante, dans un abîme apparemment sans fond.
- Retournement brutal de situation générateur de rebondissement.

3. Rapport astrologique :

La planète MARS, énergie d'action et de combativité, liée aux organes génitaux et au chakra premier.

4. Signification profonde : Intelligence Stimulante ou Active.

Intelligence d'Excitation.

5. Energie est masculine.

6. Le mot clef est EXPLOSION.

Associée au chiffre 16 et à la lettre Hébraïque Peh.

◈ L' Etoile. LAME XVII.
La Vérité.

1. L'image :

- Le personnage central représente en une femme, le pôle Féminin de Dieu, sa réceptivité, sa capacité d'écoute, sa plasticité. Cette femme est nue ; les voiles sont levés, Dieu se révèle à nous sans secret, en toute innocence pour que nous nous mirions en lui. Il est lui même notre révélateur ; en retrouvant notre cœur d'enfant, nous prenons conscience des limitations posées par notre mental. Elles s'évanouissent et brille alors notre diamant intérieur.

Ses deux jambes, pliées en quatre, nous relient à l'infini (2 x 4 = 8)... ou à 40, valeur de Mem, les Eaux Primordiales... 80 (cf. lettre Hébraïque Mem, p. 34). L'infini face à son autre lui-même, les potentialités insondables de la Mémoire Universelle. Malgré cette dimension vertigineuse, elle reste accessible à l'esprit humain : elle s'incarne dans le 4. Un genou en terre, l'autre en eau reprend la dualité Esprit/Matière.

Des deux vases, réservoirs infinis de l'Esprit, La Source s'écoule et nous façonne, nous baigne et nous régénère, à droite dans le Tout, par le Mental et l'action, à gauche dans la Matière par nos cinq sens.

- Le ciel étoilé : les sept étoiles blanches sont en rapport avec les 7 planètes intérieures et nos 7 chakras primaires : Mars, Vénus, Saturne, Lune, Jupiter, Mercure, Soleil. Notre insertion dans le cosmos est totale, chaque parcelle de notre être vibrant à l'unisson de chacune de ces planètes. Nous comprenons mieux notre devoir alchimique de transformer le plomb en or, Saturne (nos limitations), en Soleil (notre rayonnement d'Amour). L'étoile jaune, centrale, reflète le rayonnement Divin. Elle nous anime et nous ressource.
- Les Ibis : Oiseaux de la Connaissance, sont présents ; l'un perché l'autre non.

2. Reflète :

- Pureté, Clarté, Transparence... Dégénérescence ; reprendre sa pureté originelle, se laver dans le Grand Tout.
- Calme, Silence, Tranquillité, Paix, Quiétude, Sérénité ; toute turbulence mentale arrêtée, la Vérité apparaît. C'est l'état de Méditation. Révélation à soi-même.

- Sensation d'être enfin arrivé, d'avoir trouvé réponse, asile, abri... son véritable Soi. On s'est agité, on a erré, questionné... et, tout à coup, la prise de conscience salvatrice apparaît. L'état de méditation est comparable à celui que procure la pêche ; lancer dans l'océan de la mémoire universelle la ligne de ses interrogations, guetter la réponse après des tâtonnements multiples et soudain, le calme intérieur s'installe, toutes les questions ont été posées... La réponse, alors, se fait jour, comme un cadeau qu'on n'attendait plus... La Grâce !

- Candeur, Ingénuité du cœur d'enfant.
- Innocence.
- Complet abandon dans la Foi.
- Espoir. Espérance.

3. Rapport astrologique : Signe zodiacal du VERSEAU.

Le « Verseur d'Eau » ouvre la porte sur les grands espaces, les révélations nécessaires au changement.

Nous le vivons aujourd'hui à l'ère de la communication le 21ème siècle. Personne n'ignore ce qui se passe à l'autre bout de la planète. De plus, les habitudes et les comportements qui gèrent l'humanité depuis des millénaires sont montrées du doigt : inceste, viols familiaux, pédophilie, et toutes les formes de pouvoir exercé sur l'autre : scandales financiers et politiques, exploitation de l'autre par l'esclavage ou le sectarisme... Chantages sous toutes ses formes... Magie, envoûtement, etc.

C'est aussi le siècle où certains demandent réparation des crimes commis contre l'Humanité, pendant que d'autres et pas des moindres, supplient pour un Pardon.

4. Signification profonde : Intelligence Naturelle.

5. L' Energie 17 est une énergie féminine.

6. Le mot clef est CLARTE.

Associée au chiffre 17 et à la lettre Hébraïque Tsaddi.

◈ **La Lune. LAME XVIII.**

1. L'image :

- Centrée par la Lune, travailleur de l'ombre, manifestée dans la succession de toutes ses facettes, avec cependant, l'accent mis sur le premier croissant, le début d'un cycle. La Lumière du Logos incarné se réfléchit sur elle et travaille sur notre partie ombre : notre inconscient ; c'est la dualité or/argent, lumière/ombre qui nous anime. L'alternance dans la dualité suggère le rythme et implique l'accès à la troisième dimension... Contraction, expansion, repos du muscle cardiaque, réceptacle de l'Amour Divin, dont les vagues nous caressent... La Lune régit les mouvements des océans ; de même la Femme renoue avec Dame Nature tous les vingt-huit jours, au rythme de ses menstrues.

Jadis, on répétait rituellement ce pacte du sang-lié (sanglier), animal de choix à sacrifier au créateur. L'homme... jaloux (?)... a réinventé ce rituel dans la tauromachie. En habit de lumière, il verse sur le sable de l'arène, le sang d'un taureau, symbole de la puissance Vie.

Il a passé la nuit précédente en prière à la Vierge Marie. C'est le triomphe de la lumière sur les ténèbres. Le sang, véhicule de L'Ame, coule, la libérant de la matière. Les menstrues libèrent naturellement une partie de l'Ame ; elle se régénère ainsi, abandonnant sa partie usagée en une mue périodique qui l'épure.

Chacun de nous évolue par périodes successives ; l'amplitude et la fréquence de leur vagues appartiennent en propre à chaque individu. Il faut être PRÊT...

- Le mental doit dominer les pulsions, comme le loup, apprivoisé est devenu chien. L'homme a parcouru du chemin depuis l'extase du jardin d'Eden (l'écrevisse). Il doit maintenant affiner et perfectionner ses perceptions afin de s'épanouir davantage.

- Maillon de la chaîne d'évolution des espèces, il a en lui les quatre règnes : minéral, végétal, animal et humain. Ils sortent de la matrice originelle : l'EAU.

A chaque instant, il peut y puiser des ressources infinies.

- Ainsi nous marchons, ainsi nous évoluons par des mues successives vers la meilleure part de nous-mêmes. Elle est cachée mais elle se laisse apprivoiser. Le sentier est alternativement aisé et difficile, mais il nous porte et nous le créons à chaque pas.

2. Reflète :

- Gestation, transformation, perpétuel recommencement, évolution par étapes successives.
- Eclairage indirect de la Lumière Divine sur sa création.
- Mouvement ascensionnel de la Vie.
- Construction pas à pas de son être, processus lent et inconscient de maturation.
- Contact profond et formateur avec la partie féminine de Dieu.
- Travail laborieux de compréhension, intégration, acceptation et pacification intérieure.
- Accouchement à soi-même dans une atmosphère douce de lumière diffuse.
- Le repos n'est qu'apparence. De façon secrète, le processus de la vie est à l'œuvre par une succession de : destruction-construction-repos évoluant par vagues au rythme propre de l'individu, le plus souvent inconscient de ces phénomènes. Ce processus de maturation s'accomplit la nuit, moment le plus favorable. La « prise de conscience », phénomène plutôt actif, aura lieu le jour. Le Travailleur de l'Ombre est à l'honneur.

Les pièces du puzzle s'assemblent tranquillement, elles viennent de la Mémoire de l'Espèce, proposer le « Déjà Vécu » à celui qui cherche des réponses. Chaque être, prenant contact avec Le Grand Tout, se laisse pénétrer par Lui pour l'enrichir ensuite de sa propre expérience.

Personne n'est jamais seul, il y a contact et échange permanent avec le Divin... Le jeu est interactif !

3. Rapport astrologique : Signe zodiacal des Poissons.

Ce signe se rapporte aux pieds... avancer sur le sentier... « *Je suis la VOIE* » a dit le Christ.

4. Signification profonde : Intelligence Du Corps.

La beauté est intérieure. Nos sentiments, pensées et attitudes envers la Vie s'inscrivent dans notre corps et notre visage dépeint notre cœur.

5. C'est une énergie féminine.

6. Le mot clef est FUSION.

Associée au chiffre 18 et à la lettre Hébraïque Quoff.

◈ Le Soleil. LAME XVIIII.

1. L'image :

- Le Soleil représente l'incarnation du Logos. Il permet toute vie : notre squelette lui-même dépend de la lumière solaire ; elle permet la synthèse du minéral, l'os, par réaction chimique entre la vitamine D et le photon, particule véhiculant la lumière. Le Soleil diffuse ses particules issues de lui-même. Il se donne ainsi à sa création, en la touchant d'une délicatesse infinie, en la nourrissant de chaleur et d'amour. Si nous fermons la porte, il n'entre pas et nous restons dans l'ombre.

Le Soleil est visage dans cette image. En effet par la tête nous captons l'énergie Divine non seulement par le septième chakra mais par les organes de nos cinq sens et leurs 7 orifices rassemblés là. L'enveloppe qui nous constitue, la peau, le reçoit pleinement sur tout notre corps.

Il est à la fois masculin (rayons droits) et féminin (rayons courbes), à la fois particule et vibration, à la fois chaleur et lumière, nourriture sur tous les plans qui nous constituent : physique, psychique, spirituel et affectif.

Le toucher permanent du Soleil sur notre peau, le contact permanent entre Dieu et sa créature est matérialisé par les Yod entre les deux enfants :

- Les enfants symbolisent notre mental et notre intuition. Ils n'ont rien à se cacher, se regardant l'un l'autre dans une complicité malicieuse, pleine de rire. L'être ainsi réunit se sent aimé confiant, en sécurité, protégé, prêt à tout.

- Derrière eux, le mur de la limitation établi par nos sens.

2. Reflète :

- Lumière, luminosité, clarté.
- Chaleur.
- Vie, danse de la Vie.
- Rayonnement, illumination.
- Réalisation, aboutissement, accomplissement ; unification de la dualité, quelque soit sa manifestation : formation d'un couple, mariage ; Union intérieure, pacification ; Rencontre avec Dieu, illumination du mystique.
- Sensation d'être enfin arrivé chez SOI, plénitude, bonheur... béatitude, Amour.

- Joie, exultation... « transport amoureux ».
- Légèreté, chance, sensation d'être invincible, sécurité.
- Toute Puissance, Créativité, Pouvoir sous toutes ses formes.

3. Rapport astrologique : La planète Soleil.

Se rapportant à l'idéal de soi, son aboutissement... La question fondamentale à l'instant ultime du grand départ : « *Qu'ai-je fait de ma vie ?* »... Il est préférable de se la poser ici et maintenant.

4. Signification profonde : Intelligence qui Rassemble.

« Laissez venir à moi les petits enfants... Le Royaume des Cieux leur appartient. »

Garder le cœur pur au fil des pérégrinations, pour pouvoir accueillir en soi la Divine Source de bienfaits, s'en nourrir et, centré sur Elle, rayonner pour la diffuser.

5. Energie masculine.

6. Le mot clef est OMNIPOTENCE.

Associée au chiffre 19 et à la lettre Hébraïque Resh.

◈ Le Jugement. LAME XX.

1. L'image :

- L'Archange Gabriel :

Gabriel signifie : « puissance de Dieu ».

Il souffle dans une trompette ; triangle d'or aux courbes harmonieuses, elle manifeste la descente du Logos par le son. Il donne ainsi les notes justes pour harmoniser l'ensemble de la personnalité (PER-SONA-LITE, véhicule à travers lequel passe le son, l'expression du Créateur à travers sa créature).

- Les personnages :

Au nombre de trois, ils représentent chacun une part de l'être humain et son évolution dans le temps. Chacun d'eux adopte une posture différente en rapport avec les lettres du mot LUX, la lumière de la connaissance (co-naissance, naître avec).

Or LUX = L + V + X
= 50 + 5 + 10 = 65.

65 est la valeur d'ADONAÏ, nom secret de Dieu, signifiant « lumière et unité ».

Seul notre enfant intérieur nous permet de réunir mental et intuition ; cette part de nous-même qui est générosité, ouverture, amour, inépuisable désir de bonheur, aspiration à un monde meilleur : la quête de chaque être humain. Ce monde meilleur est en nous. Nous y baignons à chaque fois que nous sommes en harmonie avec nous même, dans le don à l'autre, en joie.

Cet enfant est seul tourné complètement vers Gabriel car lui seul est capable de l'entendre.

- La pierre flotte sur l'Eau de la grande Mer. Dieu est en bas-eau, en haut-lumière.

Il nous porte (eau) et nous transporte (lumière). Notre corps de gloire nous est révélé. La chrysalide devient Papillon, la Déesse des ombres, la Grande Prêtresse, qui préside à la mort, nous porte et nous attend, nous enveloppant de sa douceur ; le mystère nous est révélé. Changement d'état, fin d'étape, avant un nouveau départ.

2. Reflète :

- Eveil ou Réveil à d'autres matins. Le clairon, la trompette du renouveau sonne le jour du changement. Le Verbe a libéré le son ; Il Nomme chacun, et nul ne peut L'ignorer.
- Révélation, Illumination, Transfiguration. Le train-train quotidien n'est plus. Aujourd'hui ne peut plus ressembler à hier, demain est porteur de Lumière.
- Enthousiasme, joie profonde, allégresse éclatent, tel un orage dans un ciel serein.
- Libération, éclatement des coques du passé, routine et habitude sont pulvérisées.
- Partance vers un nouveau destin, dans l'ignorance de ce qu'il est vraiment mais dans la certitude qu'il est merveilleux. Dynamique puissante du départ, obéissance immédiate et sans réserve dans la conviction profonde d'un mieux-être.
- Emergence de l'Enfant Intérieur. Absolument tout devient possible ; l'abandon est sans réserve, la confiance, sans limite.
- Sous-jacent à ce bouleversement, se dessinent ordonnancement, structuration, sérénité, apaisement.

3. Signification profonde : Intelligence perpétuelle.

4. Rapport Astrologique :

Pluton octave supérieure de Mars, dieu de la transformation souterraine en chacun de nous.

Dieu du Feu et des Enfers

C'est devant Pluton qu'a lieu le « jugement dernier », la pesée des âmes.

Le cœur doit être plus léger que la plume, alors le passage vers une autre vie, par la porte des enfers (paradis de l'antiquité chez les égyptiens ou les grecs) est autorisé.

Le cœur léger, réceptacle de l'Amour (divin) là aussi est la voie.

Le corps de lumière est libéré, il atteint la « Réalisation ».

5. L'energie est androgyne à tendance masculine.

6. Le mot clef est CHANGEMENT BRUTAL AVEC APPEL A LA SERENITE.

Associée au chiffre 20 et à la lettre Hébraïque Shin.

◈ Le Monde. LAME XXI.

1. La lame :

- Le personnage central : Etre androgyne, il est ceinturé par la lettre Kaph de la clé 10 ; la roue du destin l'emporte dans son mouvement spiralé. Richesse et pauvreté matérielles, richesse et pauvreté intérieures traduisent le perpétuel équilibre entre l'Esprit et la Matière. Il danse la Vie. Jambes croisées en quatre, l'avancée se fait dans le concret de la réalité matérielle, pour retrouver son Essence-Ciel. Le mouvement joyeux et tourbillonnant, tambourine à nos oreilles. Les deux mains s'ébattent, tenant chacune deux rouleaux, au mouvement inversé ; ils ressemblent à de l'A.D.N., déroulé lors de duplication au sein de la cellule, la séparation de ses deux brins nécessaires à la Vie...

La Dualité reconstruit l'Unité.

Il évolue à l'intérieur d'un œuf ; la Terre, en orbite autour du Soleil, décrit une ellipse... Un œuf, autrement dit ! Sphère autour d'une sphère, elle tourne sur elle-même, puisant sa propre énergie dans ce mouvement.

Ainsi le Logos incarné dans l'astre solaire nourrit-il la création, Le Divin ses créatures.

- Les 4 éléments :

Matérialisés par un taureau, un lion, un aigle et un ange sont en correspondance avec les 4 éléments : Feu, Air, Eau, Terre, ou Yod-Hé-Vaw-Hé du nom de Jeowah s'enroulent dans une spirale involutive de condensation : l'énergie devient matière. Le sens s'inverse, et la matière redevient énergie. Leur disposition dans l'espace détermine la divine proportion (rapport du 8 Dieu au 5 l'homme), « le nombre d'or », le carré long base de la spirale logarithmique, inscrite dans le dessin des nébuleuses, des coquilles d'escargot, des nautiles...

2. Reflète :

- Structuration, sertissage, compression ; force contenue, emprisonnement, enfermement ; centrage et réajustement de la perception, de la réalité concrète.

- Limitation faisant surgir la peur de l'inconnu, appréhension du futur.

- Repli, recroquevillement, nombrilisme, pouvant être source d'illusion.

- Nécessité d'acceptation et d'intégration de la réalité du moment, donc de la limitation, pour pouvoir la dépasser, déplié comme un ressort.

Utiliser le concret pour rebondir et danser la Vie à l'intérieur de l'épreuve.

- Toucher le point où le mouvement de repli s'inverse pour dérouler la spirale de la Vie ; changement et mutation s'opèrent alors par la Grâce de l'Etincelle Divine en chaque être humain.

3. Rapport astrologique :

Planète Saturne, la 7ème découverte et la dernière des planètes personnelles en rapport avec le plomb. Il est indispensable de toujours transmuter le plomb en or, ainsi Saturne transmute le Soleil en Amour.

C'est en ce sens que cette planète est appelée « Maître du Karma ».

Le recentrage qu'elle nous impose permet à l'Amour divin de couler à flot et de nous donner non pas forcement ce que nous désirons mais ce qui est bon pour nous.

C'est ainsi que nous recevons ce que nous donnons dans l'apprentissage et le recadrage.

Karma : somme des épreuves choisies avant l'incarnation pour la compréhension d'une problématique non résolue dans une vie antérieure.

4. Signification : Intelligence administrative.

Régit et gouverne les biens de ce monde, matériels, spirituels, affectifs et psychiques.

Consécration de l'Amour Divin dans tous les plans.

5. L'énergie est androgyne à tendance féminine.

6. Le mot clef est DANSER SA VIE.

Associé au chiffre 21 et à la lettre Hébraïque Tav.

◈ Le Mat (ou Le Fou). LAME XXII.

1. L'image :

Un voyageur, le bagage léger, marche en s'appuyant sur un bâton de la main droite.

Un chien a déchiré son pourpoint, mais il n'y prête pas garde.

2. Reflète :

- La liberté.
- La légèreté.
- L'enthousiasme.
- Le goût du risque et de l'aventure.
- La foi, la domination des éléments matériels et des peurs par la Joie.
- La mémoire des vies passées s'est faite source d'évolution. C'est l'offrande de l'être à son destin dans l'amour et la confiance, l'abandon au Divin.

3. Signification profonde : Intelligence de l'Etincelle.

4. Rapport Astrologique :

Planète Uranus : planète transpersonnelle de transformation fulgurante.

Elle propose un décapage, une évolution rapide et inopinée, imprévisible : Le doigt de Dieu se posant sur la transformation nécessaire à effectuer dans sa vie.

5. L'énergie est Androgyne à tendance masculine.

22 est une énergie d'action - donc masculine - en ce sens qu'elle propose à l'individu de s'incarner dans la matière (le 4).

6. Le mot clef est RISQUE.

Associée au chiffre 22 et à la lettre hébraïque Aleph.

Le 22 vaut 0, puisqu'il représente Le Pur Esprit,
Celui qui est à L'origine de Tout,
Le SANS NOM,
LUMIERE DES LUMIERES.

3/ LES ENERGIES : LES CHIFFRES.

Verbe Créateur s'est matérialisé par le Son et a donné naissance aux Lettres Hébraïques, puis par l'Image aux Lames du Tarot. Il se concrétise dans sa troisième dimension, par le Chiffre.

Les chiffres utilisés pour nos calculs, s'échelonnent de 1 à 22.

Le Créateur inscrit dans la date de naissance, non seulement la Personnalité de chaque être, mais aussi le scénario de vie qu'il lui propose pour parcourir le Sentier Du Retour.

On peut réduire la signification de chaque chiffre à un mot, comme vous le constatez dans le tableau ci-contre (cela permet un décryptage simple et rapide de la personnalité).

Vous concevez néanmoins, après le parcours que vous venez de vivre, que se cachent de nombreuses nuances derrière ce seul mot. Ces nuances s'expliquent par la lettre hébraïque et la lame associées à chaque chiffre, vous proposant de vous rapporter au chapitre correspondant.

Nous vous proposons de résumer ces notions en détaillant ci-dessous la qualité ou le défaut accompagnant le chiffre concerné et d'en déduire le comportement de l'individu qui en est porteur.

◈ **Les Energies, potentiels de l'individu, inscrivent ses qualités et ses défauts :**

1. Création, Concentration, Auto-création d'où remise en question, Solitude.

Egoïsme. Egocentrisme.

2. Ambivalence, Dualité.

Attente, Passivité, Repli, tendance au secret ; difficultés de communication. Timidité.

3. Imagination, Ouverture d'esprit.

Fécondité, productivité, grossesse, gestation.
Sécheresse de coeur.

4. Concrétisation, Esprit pratique, Bon sens, Logique.

Sens du travail, Persévévérance.
Esprit borné, sclérose.

5. Evolutivité, Fantaisie, Besoin d'espace et de contact sans cesse renouvelé.

Liberté.
Tendance à la dispersion, papillonnage.

6. Capacité de choisir, Discernement, Sens de l'à propos.

Communication aisée.
Verbiage.

7. Autorité naturelle, Sens des responsabilités, Exigence, Perfectionnisme.

Aptitudes intellectuelles développées.
Imbu de sa personne. Orgueil.

8. Grande capacité d'action et de travail ; Force morale et physique ; Tendance au dépassement permanent de soi, d'où fatigue et cyclothymie.

Potentiels médiumniques.
Hyper-activité.

9. Patience... savoir attendre. Sagesse.

Tendance à l'introversion et au déssèchement, l'isolement forcé que nécessitent la prière et la méditation.

10. Dynamisme.

Savoir se renouveler.
Débordement d'un trop plein d'énergie difficile à suivre pour soi et pour autrui.

11. Sens de l'équilibre et de la Justice. Sensibilité à l'apparence et au regard de l'autre.

Immobilisme par horreur du conflit.

12. Capacité au rêve... Fuite de la réalité.

Réceptivité immense à l'invisible.
Se sentir dans une bulle.
Inhibition.

13. Capacité à tirer un trait sur son passé et à avancer sans se retourner.

Prendre des virages à l'emporte-pièce.
Intransigeance.

14. Etre un soutien pour autrui, une Référence.

Capacité de réflexion pour effectuer des mutations progressives.
Instabilité.

15. Humour, Ironie, Jeu, Ruse et Manipulation possible... ou être manipulé.

16. Passion... Colére et débordement de tout ordre.

17. Clarté d'esprit et de coeur d'où... Chance.

Protégé des Dieux, quoiqu'il arrive, le 17 s'en sort toujours.

18. Flou... Diriger sa vie au petit bonheur, dans le brouillard apparent.

Toujours ailleurs et dans la lune, ce qui confère une immense réceptivité et favorise les contacts psychiques.
Se construire en permanence.

19. Rayonnement, Sens du spectacle et du drame.

Capacité pour diriger et organiser. Leader et créateur.
Culte de la personnalité.

20. Faculté de clairvoyance extrême, Percipience, Force capable de soulever des montagnes.

Même si sa mise en route est difficile.

21. Illusion... Aux simples d'esprit, appartient le royaume des cieux.

Danse sa vie, sans se soucier du lendemain.

22. Goût du risque et de l'aventure. Folie, aux yeux des hommes, est sagesse aux yeux de Dieu.

Génie.

◈ **Les types de comportement : chaque chiffre détermine un mode comportemental.**

• ***Un individu porteur du 22 : (car... il n'y a pas de 0 !)***

- Libre par excellence.

- Entre deux mondes, le créé et l'incréé, il agit par pulsions soudaines : des éclairs de génie.

- Fantasque, enthousiaste, joyeux par essence.

Comme il est entre deux mondes, il peut basculer vers l'un ou l'autre à l'excès :

Matière : 2 + 2 = 4 Avidité de pouvoir
Dictateur
Folie des grandeurs

Esprit : 22 = 0 Folie... constructive (savant génial, mystique)
... ou destructrice (fou manipulateur)

Goût du risque et de l'aventure... Navigateur solitaire...

• ***Un individu 1 :***

- C'est un créateur, par extension un chef, chef d'entreprise ou leader politique, donc meneur d'hommes. Ce peut aussi être un artiste.

- Il est attentif à ce qu'il fait et... à l'autre par extension. Si son cœur se ferme, il devient égoïste et sec.

- L'Intelligence de Transparence lui confère la capacité de lire dans l'âme d'autrui. Elle peut être utilisée pour le service (perception directe des maux d'un patient, s'il s'agit d'un thérapeute... ou tout autre message) ou à de noirs desseins... s'il s'agit d'un homme de pouvoir (dictateur...).

- Il a une volonté à toute épreuve.

- C'est un solitaire.

- C'est un indépendant.

- Par son processus d'auto-création permanent, il sait se remettre en question et évoluer. Ceci peut se faire dans le sens positif ou négatif, transparent aux énergies de bien ou de mal. Quelque soit le camp choisi, il est correct avec son adversaire et a le respect de la parole donnée.

• ***Un individu 2 :***

- C'est un individu secret et introverti très intuitif, doué d'une grande mémoire.

Humble, il aime vivre caché « à l'abri du bruit et de la fureur ». Cependant il ne peut pas vivre seul. Il a besoin d'un compagnon ou d'une compagne. Il n'a pas de difficulté à vivre en couple.

- C'est un individu réceptif qui sait écouter, sa passivité peut en imposer pour de la mollesse voire du lymphatisme. Son inertie peut passer pour de la ruse ou de la fourberie Il est vulnérable et impressionnable.

- Il a des difficultés de communication.

- Il peut apparaître froid et indécis.

- Il a un goût pour tout ce qui est caché et mystérieux. Il pratiquera volontiers occultisme, spiritisme de tout genre.

Il a des facultés supra sensorielles développées ;

Intuition
Télépathie
Décorporation Astrale
Lévitation
Pouvoir de dédoublement, etc.

En conclusion :

- au mieux : calme sérénité, intuition, connaissance.
- au pire : introversion, froideur, difficulté de communication, impression de vivre dans le brouillard.

• ***Un individu 3 :***

- Généreux par nature, il est ouvert et agréable en société, chaleureux. Il émane de lui, gentillesse et courtoisie.

- Doué d'une imagination fertile, d'une faculté de conceptualisation importante, il enchaîne les idées avec aisance. Ainsi le verra-t-on facilement dans des professions comme architecte ou maître d'œuvre.

  • Si cet individu est une femme, ses grossesses seront faciles. Elle est mère par essence. Elle n'a pas de difficulté à accepter son potentiel Maternité.

  • Administrateur, régisseur des biens de ce monde, l'individu porteur du 3 doit agir dans le sens du partage et de la générosité. Ses œuvres sont multiples, et dans tous les domaines, prolifèrent, s'enrichissant les unes les autres.

- Lui est donnée l'abondance, à lui d'en disposer dans l'Amour, ce qu'il fait naturellement.

- Si cette énergie 3 est vécue dans le négatif, l'individu vivra dans la peur du manque ; il se protégera au maximum contre les événements de sa vie qu'il considérera comme des agressions. Au lieu de l'épanouir, ceux-ci l'enfermeront dans l'avarice.

La sécheresse de son cœur emprisonnera son âme, enfermé qu'il sera par ses déductions nombriliques.

• ***Un individu 4 :***

- Il incarne une autorité et un pouvoir naturel. Pater-Familias, il décide, gouverne, ordonne, enfin donne le Nom et se sent responsable de la lignée. C'est un fondateur de dynastie.

- Il sait calculer, inspecter, ordonnancer les choses, conscient de sa responsabilité.

- C'est un intellectuel doué de logique et d'un grand pouvoir de déduction. Ainsi est-il habile aux mathématiques et aux sciences exigeant des capacités de raisonnement.

- Il a la vision claire des choses : LE BON SENS !

- Avant tout PRATIQUE. Il a besoin de concret (plan ou carte), pour exister dans une situation donnée (le « pifomètre » n'est pas son instrument favori !).

- Doué de brillantes capacités d'analyse, il excellera dans les carrières où elles sont mises en exergue : les métiers d'inspection de toute sorte... police,... finance, et cetera.

- Bûcheur avant tout, il se ressource par le travail.

- La structure lui est nécessaire : hôpital, administration, éducation, armée... mais elle peut lui être une entrave si cela est mal vécu ; auquel cas on aura un individu en conflit perpétuel avec l'Autorité ; au pire il sera incapable de s'insérer dans une structure et de supporter une tutelle.

- Utilisant l'analyse avant l'action, prudent et avisé, doué de grandes facultés d'analyse, il peut montrer un certain dessèchement de cœur, voire un enfermement dans une logique à tout crin... Par exemple : un scientifique cartésien pur et dur ou un saint Thomas qui ne croit que ce qu'il voit !

- Il est persévérant mais peut être têtu voire borné.

• *Un individu 5 :*

- 5 étant moyen terme entre 1 et 9, est le nombre de la médiation ; donc, l'individu porteur du 5, est avant tout un médiateur ; cependant, pour bien exercer cette fonction, il doit se tenir VERTICAL. Il capte ainsi la lumière. Par son chakra 7ème elle descend sans obstacle jusqu'à son cœur et ses mains pour se manifester dans la Parole et l'Action justes. Sa rectitude de cœur et d'esprit lui permet alors de rester fidèle à son intuition, la voix de son Ame. S'il ne se comporte pas ainsi, il sera sous le joug de ses pulsions ; ce sera l'enfermement et non la spirale évolutive que lui propose le 5.

- En ce sens, c'est un être évolutif, en perpétuel mouvement ; il a besoin d'espace, de contacts sans cesse renouvelés, curieux qu'il est de tout ; cependant, s'il ne sait pas se poser dans le silence, à l'écoute de sa Voix Intérieure, il deviendra perpétuellement insatisfait, toujours en quête de sensations nouvelles et inédites qui le conduiront au dessèchement. Ce sera un touche-à-tout sans substance, un instable.

- L'individu 5 a besoin de liberté sur tous les plans, surtout et y compris sexuel. Mais sa liberté s'arrête là où commence celle de l'autre ; la difficulté pour lui sera d'en prendre conscience. Un 5 dont la liberté n'est pas satisfaite aura la sensation d'étouffer ; cela peut se manifester pour lui de différentes manières : claustrophobie, agoraphobie, vertige, asthme... ou tous problèmes respiratoires.

- C'est un être essentiellement intuitif ; cela doit lui permettre de gérer passions et pensées, d'unir en lui ses polarités masculine de créativité et féminine d'écoute. Il est particulièrement sensible à la nature auditive des messages, qu'ils soient physiques comme la musique ou le son d'une voix ou qu'ils soient d'une autre nature comme les messages de l'au-delà qu'il perçoit mieux que tout autre et auxquels il a toujours la liberté de dire oui ou non (Jeanne d'Arc).

- Homme de lien, il se dirige plus volontiers vers la magistrature où il devra exercer une autorité bienveillante. S'il choisit la politique il aura à prendre garde à la langue de bois et devra éviter toutes compromissions ; s'il choisit la religion, il sera le lien parfait entre Dieu et l'Homme assumant le rôle de révélateur des Mystères ; il devra prendre garde cependant à éviter toute déviance (gourou d'une secte).

En conclusion :

C'est un individu caractérisé par sa mutabilité et sa claire-audience, incarnant des qualités de médiateur.

• ***Un individu 6 :***

- C'est un individu ouvert, qui a le sens du don et du partage.

- Il a du « flair », sait faire des choix et les assumer.

- Il a le sens de la communication et on le trouvera de préférence dans des professions exigeant ce talent : avocat, journaliste, philosophe, politique, il est conscient du pouvoir des mots. Plus que tout autre dans la dualité, sur tous les plans, il est capable dans une même phrase d'affirmer une proposition et son contraire. Ce peut être le champion de la langue de bois.

- En résumé :

Pertinence, Justesse d'esprit et de propos, vivacité, don pour le commerce en tous genres et la communication, le caractérisent. Au négatif, il est volontiers critique et acerbe, rusé et manipulateur, animé de mauvaise foi, se grisant de parole sans substance. Il dispose volontiers le bien d'autrui, comme s'il s'agissait du sien propre.

Il est le pouvoir du verbe incarné, créateur et régénérant sur la voie du retour et de l'Amour inconditionnel s'il est juste destructeur et perverti s'il est tourné vers l'ego et le profit.

• ***Un individu 7 :***

- C'est un individu hypersensible et hyper-réceptif qui ne vit que par son ressenti, mais il le cache sous un épais blindage par peur de souffrir, blindage qui apparaît comme de l'orgueil ou de la timidité... Barrière, mur, voile... entre lui et l'autre.

- Animé d'un désir profond de pureté et de perfection absolues, d'où son intérêt pour la métaphysique, la théologie, les sciences occultes, avec une soif et un besoin de tout comprendre jusqu'à l'ultime.

- Cela en fait quelqu'un de perfectionniste et d'exigeant.

- Son tempérament dominateur n'est pas sans émaner de charisme et de charme de par cette lumière qui brille en lui.

- Indépendant et solitaire, il suit le chemin de Lumière... (de sol : soleil, et itude = itineris : chemin) pour trouver la lumière en soi.

Il connaît le pouvoir de la parole. La parole que l'on donne et la parole que l'on dit,

Le Verbe et sa puissance créatrice. En effet, brillant d'une autorité naturelle, il SAIT.

En résumé :

l'énergie 7 est une énergie de domination et de combat pour la pureté, l'individu porteur du 7 est un chef dominateur et intransigeant, gourou ou dictateur s'il pense que cette énergie émane de lui. S'il est conscient d'être traversé par l'Esprit, c'est un être de service, dont la vie témoigne d'une quête spirituelle, empreinte de don de soi par recherche de l'Amour inconditionnel.

• ***Un individu 8 :***

- C'est un individu doué d'une grande force morale ou physique, avec un pouvoir d'auto-guérison efficace. Comme le phénix, il renaîtra de ses cendres. Par voie de conséquence, il est doté d'une grande capacité de travail... Il est quasi inépuisable... difficile à suivre par son entourage.

- S'il n'est pas bien équilibré, bien centré entre les deux boucles du 8, il aura l'impression de jouer au Yo-Yo, c'est à dire d'éprouver une certaine tendance cyclothymique. C'est un coté à travailler chez lui, mais c'est aussi la manifestation du ressort : descendre pour mieux remonter, se ramasser pour mieux rebondir. C'est la loi de l'évolution sinusoïdale de l'espèce humaine : une succession de creux et de sommets dont l'amplitude se doit d'être gérée.

- Bien centré entre les deux boucles du huit, il aura l'impression permanente de vivre entre le Visible et l'Invisible. Cette médiumnité peut susciter des peurs et des replis sur soi voire des maladies psychiatriques, surtout si elle est mal comprise par l'entourage.

• ***Un individu 9 :***

- Il est porteur de TOUS les possibles. Le problème sera de choisir le don le plus approprié à être vécu.

- La grande richesse de ses dons et capacités lui demandera impérativement de se mettre au service d'autrui. Il ressentira fortement le besoin de se rendre utile. La difficulté viendra de la maîtrise de ce désir ; en effet un individu 9 aura tendance à vivre à la place de l'autre... et être vécu comme étouffant et envahissant par son entourage ; l'inverse est vrai : son extrême gentillesse et sa disponibilité excessive le conduiront à tout accepter sans discrimination, et à ne pas exister (taillable et corvéable à merci).

Le problème du 9 réside dans le respect de soi et le respect de l'autre.

- La patience est son grand talent, il est solitaire et calme, avec un tendance au repli qui peut le couper du monde (introversion).

- C'est volontiers un mystique isolé. Le nombre de ses expériences acquises le pousse au partage, il s'épanouira dans un métier de soins ou d'enseignement.

• *Un individu 10 :*

- Dynamique et jovial, il peut avoir l'illusion d'être ballotté de haut en bas, en subissant son destin. Plus que tout autre, il est capable de s'affranchir du cycle infernal et d'évoluer.

- Bon conciliateur il ajuste les différences, rétablit l'ordre et la paix, il dissout les problèmes tout naturellement.

- L'abondance lui est donnée sur le plan matériel et/ou spirituel. Mais du fait de sa tendance à la dilapidation, il gérera difficilement cette abondance... même si... « abondance de biens ne nuit pas ».

- Le 10 est facilement, financier, banquier, notaire, homme d'église...

- Une suprématie naturelle, un grand désir d'expansion se dégagent de cet être ; s'il reste dans le petit moi, son entourage le percevra comme envahissant et prédateur. Il peut être animé d'une ambition démesurée qui le gonflera d'orgueil (La Fontaine « *La grenouille qui voulait se faire aussi grosse que le bœuf* »...). Il a des difficultés à contenir ses gros appétits, quels qu'en soient les domaines ; il devra contrôler son expansion en fonction de la liberté d'autrui et du respect de l'ordre.

- Il est capable d'entraîner les foules, de déplacer les montagnes, pour lui même et son entourage. Débordant d'énergie et d'enthousiasme, il reste difficile à suivre.

- Une grande curiosité caractérise cet individu.

• ***Un individu 11 :***

- Il est épris de Justice, avec une sensibilité particulière à l'injustice. Il peut en devenir procédurier.

- Juste à l'extrême, il pèse le pour et le contre, ménage la chèvre et le chou tant est grand son désir d'harmonie et tant il a horreur des conflits. Il est alors en but à un certain immobilisme, à des difficultés de choix, une certaine indécision qui confère à l'introversion, au pire au dessèchement et à la sclérose.

Il doit donc s'en référer au Centre pour trancher, la loi du cœur, réfléchissant l'Amour Divin. S'il reste dans son petit moi, il a tendance à faire justice lui-même, selon ses pulsions (milice, dictature). Sinon, il s'orientera naturellement vers la magistrature.

- Il se sent en équilibre perpétuel, jugé par le regard de l'autre... et le regard de Dieu. Cela peut le paralyser et induire en lui des difficultés de communication ; son image prend alors trop d'importance, les apparences et le qu'en-dira-t-on l'empêcheront de vivre.

- S'il pèse l'Or de l'Amour de Dieu et ses actes, il pèse aussi l'or matériel et administre les biens de ce monde, sensible qu'il est à la beauté, l'ordre et l'harmonie... voire au luxe et à la volupté. Epicurien, il jouit de tout sans en abuser. Il sait jouer du pouvoir que procure l'argent... avec tact et mesure.

• ***Un individu 12 :***

- L'énergie 12 est une énergie de repli : 12 = 4 x 3, l'homme (4) dans l'utérus (3) ; l'utérus a la forme d'un triangle, pointe en bas, cette énergie pousse à retourner aux sources.

- On y a la tête en bas, on raisonne (ré-sonne), immergé, à l'inverse du monde incarné. Le contact avec les Mémoires Universelles devient facile, les réponses s'imposent d'elles-mêmes. C'est l'état de méditation.

- Cet état, permettant le contact avec les mondes invisibles, représente la réalité du 12. Le terme de médiumnité le définit.

- Au pire cependant, l'individu porteur du 12 n'est jamais né, il ne vit pas dans le concret, réalité commune à celle de tous les êtres humains, mais dans un monde qu'il s'est fabriqué ; par nature, il FUIT. Cela se traduit par des désordres du domaine psychiatrique.. la schizophrénie par exemple ou la prise de drogues (alcool, herbes diverses, cocaïne...) pour se déconnecter d'une réalité perçue comme insupportable à vivre.

-Le 12 doit vivre sa médiumnité, le 1 devant le 2 lui donne accès au royaume des morts, dont Hécate la Grande Prêtresse, lame 2, est la souveraine. Tous les adolescents à l'âge de la puberté se sentent entre deux mondes et ont alors des perceptions particulières, parfois inquiétantes. L'individu 12 est spécialement concerné par ce problème. Son entourage familial et amical devront veiller à son équilibre. Ce passage délicat de la vie conduit facilement à l'absorption de drogues diverses, à la recherche d'idéaux plus ou moins sectaires, le 12 se laissera entraîner, beaucoup plus que quiconque, sur ces pentes savonneuses.

-Le 12 a un accès direct au rêve, au flou à l'imaginaire... Ce sera un brillant sophrologue, psychologue, psychiatre... ; le contact psychique est puissant, l'hypnose facile. Les facultés paranormales, telles la télépathie, la claire-audience, la clairvoyance sont développées.

- Par sa plasticité, il adhère à l'autre et lui donne l'impression de fusionner avec lui ; parfois perçu comme charmeur et séducteur, parfois comme collant et étouffant, il sait manier toute technique d'emprise sur autrui (charme, envoûtement, magie noire), s'il a conscience de ses dons et s'il suit un chemin d'involution. S'il ne les vit pas, il est mou et influençable ; tout cela ouvre la porte à la traîtrise et à la perversion. Sinon, doux rêveur, il aime le calme et le silence, et se réfugie dans la méditation. Capable de deviner l'autre, il peut rendre de grands services par sa disponibilité et sa gentillesse naturelle.

• ***Un individu 13 :***

- Cet individu est capable de renaître au fil des épreuves décapantes et sévères. De ce fait, il sera capable d'aider les plus démunis et d'affronter avec eux leurs épreuves pour les aider à les gérer : accompagnement des mourants, S.I.D.A, cancer, maladie incurable de toute sorte donc de grandes ressources intérieures qui lui confèrent une force, du charisme.

- Son humour est décapant.

- Il est tranchant et sec dans ses affirmations et ses propos.

- Il réunit en lui ses trois dimensions ; ce qui fait sa force. Sa capacité d'aimer est grande, mais il doit la découvrir et l'intégrer. S'il s'agit d'une femme ses grossesses seront difficiles (1 devant le 3). Sa dimension de mère sera acquise dans les difficultés, mais le sera.

• ***Un individu 14 :***

- Curieux de toutes les expériences, il est mû par un grand appétit de vivre.

- Il se donne des challenges et met tout en œuvre pour les réaliser ; le 14 est donc une énergie spécifique au chercheur ; il vérifie ses théories en les mettant à l'épreuve par des expériences sans cesse recommencées. De ce fait, il montre persévérance et opiniâtreté.

- Il se met lui-même à l'épreuve... avec réflexion cependant,... car son problème reste l'engagement et l'insertion dans une structure (1 devant le 4), étant donné son besoin de liberté (5, 1 + 4).

- Il reste une référence et un soutien pour le groupe où il se trouve. Le Pélican, symbole du Christ chez les Francs Maçons, est apparié au 14. Cet oiseau s'arrache le ventre pour nourrir ses petits de sa chair si sa pêche a été insuffisante. C'est la valeur de l'Eucharistie, nouvelle alliance entre l'homme et son Créateur. Le 14 est donc par essence, animé d'un esprit de sacrifice (sacrifice = faire saint). La lame 14 nous met ainsi en contact avec la représentation de Dieu qui nous est vibratoirement la plus proche : notre Guide ou saint Ange Gardien ; elle représente les pouvoirs développés du 5.

• ***Un individu 15 :***

- Enjoué, gai, et facétieux, il aime la compagnie et les plaisirs de ce monde pour ce qu'ils sont ; pas essentiels (essence-ciel).

- Il a compris que la vie incarnée n'est « qu'une maladie mortelle sexuellement transmissible », rien n'est important. Il convient d'en rire plutôt que d'en pleurer, et il s'en tire par une pirouette.

- Son œil, averti et avisé, lui montre le négatif et le positif de la vie, le négatif toujours porteur en germe du positif ; il saura toujours tirer son épingle du jeu.

- Son appétit de vivre déborde dans tous les domaines : gourmandise, gloutonnerie, soif de pouvoir, d'argent, de sexe, au négatif c'est un être de débauche et de luxure exploiteur du genre humain : esclavagiste, proxénète, pornographe, pédophile, etc.

- Charmeur et séducteur, joueur, il entre volontiers dans la manipulation. Il ira jusqu'à l'extrême de ses propres ressources et même jusqu'à sa destruction.

• ***Un individu 16 :***

- Puissant, passionné, à la voix tonitruante, il ne peut pas passer inaperçu. On peut le croire violent emporté et colérique. Bien géré, ce comportement fait de lui un novateur et un précurseur. Il a la capacité de secouer, voire de pulvériser les anciennes structures pour en mettre de nouvelles en place.

- Grand visionnaire, il fonctionne par flashes d'inspiration ; il passe à l'action dans la foulée. Sa rapidité d'exécution peut faire que son entourage le suive avec peine et loin derrière.

- Il sait le pouvoir du verbe ; il a le mot juste qui peut tuer. Il a le pouvoir de faire vibrer une foule dans la direction qu'il souhaite. C'est un meneur. Même éclairé par l'Amour divin, il peut être fanatique et dangereux...

- Il est violence et passion : « *je vomis les tièdes...* » Saint Paul. Redresseur de torts, justicier, il fonctionne au coup de foudre.

- L'écueil de ce comportement : l'orgueil car (1 + 6 = 7) se prendre pour Dieu.

• *Un individu 17 :*

- 1 devant le 7 : soit devant la perfection Divine contemplant les sept couleurs diffractées de la lumière blanche originelle. Il faut alors, que le prisme humain que nous sommes, recompose cette lumière blanche à l'intérieur et à l'extérieur.

C'est ce que nous propose l'énergie 17 alors 1 + 7 = 8 on atteint l'infini dans sa dualité. L'équilibre : Esprit/matière est moteur.

- L'Energie 17 est donc une énergie de transparence.

L'individu qui en est porteur se doit d'être clair pour lui-même et pour les autres. Il sera donc intransigeant à toute forme de mensonge, ruse, fourberie utilisation d'autrui.

Il devra chasser ses propres zones d'ombre.

- En cela, plus que tout autre, il est aidé par le Divin mais pour que cette grâce lui soit donnée, il lui faut travailler à l'obtenir (8), donc partir en quête une fois qu'il aura épuisé ses propres ressources, alors se manifestera le Divin ; on peut appeler cela la grâce ou la chance... encore faut-il le reconnaître.

- En fait tout arrive quand on est prêt. Le 17 plus que tout autre est soumis à cette loi ; il est né sous une Bonne Etoile.

- Il a une faculté particulière d'entrer en contact avec le Divin qui est en lui. Sa quête spirituelle le pousse à évoluer.

- Cependant il a conscience du pouvoir Serpent (8) qui est en lui donc de sa force intérieure, comme de sa fragilité (les deux boucles du 8). Homme d'affaires qui se doit d'être éclairé, car il n'est ici bas que le gérant des biens divins, il doit savoir amasser pour redistribuer.

- Il se doit d'être clair et lumineux et sans tâche d'où son exigence envers lui même et envers autrui. Cependant s'il irradie : pureté et transparence dans l'amour divin qu'il redistribue, il trouvera son bien-être et son centre.

- Cela, il l'acquiert par un travail intérieur intense... « on n'a rien sans peine... ». Au bout du chemin, grâce lui est accordée.

• ***Un individu 18 :***

- Hyper réceptif, plein de douceur, d'approche aisée, il favorise volontiers les rapports fusionnels. Il émane de lui des énergies maternelles et enveloppantes. Il les vivra mieux s'il est de sexe féminin. Sa grande capacité d'écoute l'entraîne volontiers vers la séduction et l'ambivalence. La perception immédiate d'autrui l'entraîne vers une sorte de médiumnité. Utiliser ce don à des fins de pouvoir (gourou d'une secte) représente une tentation inévitable pour lui. Il peut éviter cet écueil par une qualité :

- Sa capacité au changement ; il se remet, en effet, facilement en question. Il a l'étoffe du baroudeur. Ce potentiel le sert en affaires, lui donnant le contact facile avec la clientèle ; son charme opérant naturellement, il réussira dans ce domaine.

- Doué d'une vie intérieure très riche, il n'en est pas moins à l'aise dans son corps physique, ceci illustrant le saint principe : « Mens sana in corpore sano ».

- Sa capacité d'écoute, sa douceur, son humilité apparente le prédisposent à des carrières de thérapeute en sophrologie, hypnose, psychologie...

- Au négatif, son excessive douceur peut le faire apparaître comme collant et opportuniste, son calme, comme secret et méprisant... Au pire un fameux et dangereux manipulateur.

• ***Un individu 19 :***

- Rassembleur, leader, chef, il est deux fois né... car 1 devant le 9, il a déjà accompli le cycle du 9 pour être à nouveau le 1.

Volontiers chef d'entreprise, il se doit d'être toujours dans la mouvance de la novation.

- Bien centré, il rayonne d'Amour ; on vient à lui. Il dégage une autorité naturelle et inspire confiance. Protecteur, rassurant, il deviendrait facilement paternaliste voire démagogue.

- Quand elle n'est pas utilisée dans le service à l'autre, l'énergie 19, plus que tout autre, est destructrice et sclérosante. Elle fait de l'être qui la porte, un dictateur au cœur sec, impitoyable, ne pensant qu'à son seul profit, autoritaire et invivable... despote... tyran...

- Dans le sens où il s'agit d'une énergie solaire, l'individu qui la porte aime le beau, le puissant et compte parmi les bâtisseurs de cathédrales, par exemple... Souvent riche, il sera volontiers mécène. Tout est pour lui magnificence et grandeur, ce sur tous les plans ; la beauté et l'espace sont nécessaires à son épanouissement. Au négatif, il est « M'as-tu-vu », attiré par le luxe clinquant, le tapageur ; le moindre ennui prend une allure de drame, la mégalomanie s'installe.

- Il émane de lui force et puissance ; il doit savoir les diffuser sans écraser autrui.

- Il doit s'accepter en tant que centre, vecteur de pouvoir... mais il ne doit pas oublier qu'il est l'instrument du Divin, investi de Sa puissance et de Son autorité pour mieux servir. L'orgueil, sa tendance naturelle, doit céder la place à l'humilité.

• *Un individu 20 :*

- C'est un individu dynamique, bousculant les idées reçues et le passé. C'est un novateur.

- Sa présence éveille dans son entourage le meilleur de chacun.

Il peut avoir parfois la sensation que sa tâche est lourde et ressentir un certain découragement de par l'inertie de la masse à remuer, d'où agacement et irritabilité. Il peut alors donner l'impression d'être lent à se mettre en mouvement et hésitant... mou...

- Mais il est habité d'une joie à toute épreuve qui le fait chanter toute la journée, « un vrai pinson ».

- Il bousculera les montagnes animé par une foi inébranlable en ses idéaux.

- Candide et ingénu, il n'est cependant pas dupe et possède le mot juste et pertinent qui touche chacun en son point sensible.

- S'il a choisi l'involution, ces qualités lui donneront pouvoir et domination sur son entourage... et feront de lui un redoutable despote et maître chanteur dans la violence et la manipulation.

• ***Un individu 21 :***

- C'est un parfait gestionnaire et administrateur de biens.
Par sa sagesse, il domine sa vie et tout lui est donné sans effort véritable car il est centré et ainsi il attire à lui les événements justes et rétributifs.

- Il éclabousse son entourage par son rire et sa gaieté naturelle, son acception dans l'épreuve. Il y découvre ses potentiels et les démultiplie en les exploitant.

- La difficulté reste de garder son centre et sa verticalité pour ne pas s'envoler et prendre ses désirs pour des réalités ou trop s'avancer dans la matière et se détourner du Très Haut pour privilégier ce plan.
Domination-Esclavage par rapport à soi-même et à ses pulsions, ses peurs... Difficultés de l'équilibre esprit-matière... C'est la pierre d'achoppement de l'évolution, osciller entre la confiance en son Ego (au sens de Maître Intérieur) ou son ego (petit moi égoïste) ?...

- Apprendre à connaître ses démons et à les utiliser pour aboutir au soi véritable, c'est là le propos du 21, pour DANSER SA VIE...

Ainsi le chiffre est-il le représentant hollistique du son et de l'image :

0 ou 22	______	***Aleph***	______	**Le Mat**
1	______	***Beth***	______	**Le Bateleur**
2	______	***Guimel***	______	**La Papesse**
3	______	***Daleth***	______	**L'Impératrice**
4	______	***Hé***	______	**L'Empereur**
5	______	***Vav***	______	**Le Pape**
6	______	***Zaïn***	______	**L'Amoureux**
7	______	***Chet***	______	**Le Chariot**
8	______	***Thet***	______	**La Force**
9	______	***Yod***	______	**L'Ermite**
10	______	***Kaph***	______	**La Roue de Fortune**
11	______	***Lamed***	______	**La Justice**
12	______	***Memm***	______	**Le Pendu**
13	______	***Nunn***	______	**L'Arcane sans Nom**
14	______	***Sameck***	______	**La Tempérance**
15	______	***Ayin***	______	**Le Diable**
16	______	***Peh***	______	**La Maison Dieu**
17	______	***Tsaddi***	______	**L'Etoile**
18	______	***Quof***	______	**La Lune**
19	______	***Resh***	______	**Le Soleil**
20	______	***Shin***	______	**Le Jugement**
21	______	***Tav***	______	**Le Monde**

CHAPITRE 3

Les bases de calcul

1/ LE DECODAGE DE LA PERSONNALITE.

La palette d'énergies que vous avez choisies pour vivre votre vie, à travers votre date de naissance, vous est proposée en deux séquences :

Les énergies ***visibles*** *ou* ***manifestées,***
Les énergies ***invisibles*** *ou* ***cachées.***

Les énergies visibles déterminent votre caractère de base. Les énergies invisibles, vos potentiels cachés, les ressources qui vous seront révélées par les crise de votre vie.

1. Les Energies Visibles :

Les énergies visibles sont « **les outils** » auxquels l'individu a un accès direct pour vivre sa vie, « son caractère ».

Elles sont représentées par les chiffres de votre date de naissance réduits par addition **au nombre inférieur ou égal à 9 correspondant**.

Ces Energies VISIBLES sont **au nombre de quatre**, la quatrième résultant de l'addition des trois autres.

Exemples :

• **Marine née le 01/03/2000 :**

a les énergies visibles suivantes ;

Le jour de naissance donne : 0 + 1 = 1
Le mois de naissance donne : 0 + 3 = 3
L'année de naissance donne : 2 + 0 + 0 + 0 = 2
L'addition des trois chiffes ainsi obtenus
donne la quatrième énergie : 1 + 3 + 2 = 4
Marine présente ainsi les qualités et les défauts
apportés par les chiffres : 1, 3, 2, 4.

En découleront les types de comportement associés.

• **Zelma, née le 19/09/1971 :**

a les énergies visibles suivantes :

Le jour : 19 . . . . . 1 + 9 = 10 = 1 + 0 = 1
Le mois : 09 . . . . . 0 + 9 = 9
L'année : 1971 . . . . 1 + 9 + 7 + 1 = 18 = 1 + 8 = 9
La quatrième :. . . . . Somme des trois précédentes :

1 + 9 + 9 = 19 = 1 + 9 = 10 = 1 + 0 = 1

Zelma a donc une personnalité faite du 1, 9, 9, 1.

Cependant, Zelma est née le 19 et non le 1 du mois de septembre ; pour marquer cette différence dans l'interprétation de l'énergie visible 1, on dira que Zelma présente une énergie visible 1 issue du 19 ou que 19 représente l'**énergie ULTIME** de 1. Le 10, obtenu par la réduction : 1 + 9 de 19 est aussi une énergie ultime de ce 1.

L'énergie ultime pousse l'individu à aller au-delà de lui-même, c'est à dire ici, à utiliser les énergies 19 et 10 contenues dans le 1. L'énergie ultime représente de ce fait une difficulté, ou un atout, supplémentaire ; elle est contenue dans l'énergie visible concernée.

Ce calcul est valable pour le jour ou le mois de naissance.

En ce qui concerne l'année de naissance, on admet que 9 = 0, par retour au Divin, ce pour le calcul de l'énergie visible qui lui est liée.

N.B. : On peut considérer le 9 dans le décodage de l'année pour une étude plus complète de la personnalité, cela sera revu dans le chapitre V. Le calcul aboutit ici au nombre 18, appelé « énergie secrète ».

Ces énergies visibles permettent à l'individu de mieux cerner son scénario de Vie :

Le jour, le mois, l'année de votre naissance donnent trois chiffres, chacun en rapport avec l'aspect trinitaire de votre être.

Le Père se manifeste dans ***l'année de naissance. Héritage*** de vos vies passées, c'est le type de comportement que vous êtes sensés connaître le mieux, l'énergie la plus facile à gérer pour vous. Le coté négatif de cette énergie représente les problèmes que vous n'avez pas résolus. Ils vous seront présentés à nouveau dans cette vie.

Le Fils se manifeste dans ***le jour de votre naissance.*** C'est votre devenir, le but que vous avez à atteindre dans cette vie.

L'esprit se manifeste dans ***le mois de votre naissance.*** C'est le moyen que vous employez pour parvenir à réaliser le but de cette incarnation.

Ces trois paramètres fixent votre être dans l'espace, **dimension horizontale de la croix.**

Elle détermine le rapport du Moi au Non-Moi.

On obtient **la quatrième dimension par addition des trois autres**. C'est ***le chemin de vie***, l'aide cosmique au cheminement... Votre Ange Gardien. Le potentiel qu'il revêt pour vous aider fait partie intégrante de votre personnalité. Il est ***la dimension verticale*** de la Croix, votre capacité de transcendance. Il fixe votre incarnation dans le temps.

Ces quatre dimensions posent l'individu dans son incarnation. Elle se projettent aux extrémités d'une croix dont le centre est le COEUR, réceptacle de l'Amour Divin, ce centre fait tourner la croix, moteur de votre vie.

Ces énergies visibles constituent la couche de fond de sa personnalité. Ce sont celles qui sont les plus accessibles, les plus faciles à vivre pour l'individu, sous réserve qu'il les accepte et les reconnaisse en lui. Chacun à en effet le choix de vivre ou non ses potentiels. C'est ce qui fait la différence entre des jumeaux, nés pratiquement à la même heure...

Pour mieux comprendre, détaillons les deux exemples suscités :

1. Marine née le 01/03/2000 :

Jour : 1 . . . . **1. Le but à atteindre.**
Mois : 3 . . . . **3. Le moyen d'atteindre le but.**
Année : 2 + 0 + 0 + 0 . . . **2. L'héritage.**

1 + 3 + 2 . . . . . **6. Le chemin de vie.**

- A les énergies visibles suivantes... 1, 3, 2, 6.

- Vous pouvez vous reporter à chacune de ces lames pour vous faire une idée de sa personnalité.

Sa personnalité reflète ces énergies et en émane le mélange plus ou moins corsé selon qu'elle les vit ou pas.

Par son année de naissance le 2, son patrimoine, Marine est de nature introvertie et secrète, douée de pouvoirs occultes et d'une grande capacité d'écoute.

Elle doit atteindre le 1 qui est une énergie d'individuation, de renouveau et de créativité.

Le moyen pour y parvenir est le 3 : la générosité, l'imagination, la productivité... aussi et surtout la maternité.

On peut donc dire que la maternité (3) l'épanouira en temps que femme (2) et lui apportera dans sa vie à chaque fois du renouveau. Elle accouchera d'elle-même à chaque naissance. Toutefois, l'énergie 3 de maternité se conçoit à la fois dans la chair et dans l'esprit... Marine peut être aussi un grand écrivain... et chacune de ses œuvres (ses enfants) lui apportera une nouvelle naissance à elle-même.

De plus, l'action en elle se fait par le 6, énergie de choix et d'Amour inconditionnel, passant par le mot juste, élément supplémentaire pour devenir écrivain.

- ...Elle peut aussi choisir de vivre toutes les autres facettes de sa personnalité... On reconnaîtra chez elle de toute façon les énergies inhérentes à chaque lame :

Lame 2 : humilité, capacité d'écoute, retrait du monde et du bruit, contact particulier avec le monde des morts, douceur, etc.

Lame 3 : générosité largesse d'esprit, imagination, chaleur...

Lame 1 : concentration, créativité, capacité à s'autogérer, indépendance...

Lame 6 : pertinence des propos, positionnement par le choix, dualité dans les attitudes, capacité d'amour inconditionnel...

Marine comme tout un chacun a le choix de vivre ou non ses potentiels ; son héritage est le 2, énergie d'introversion qui la pousse à rester secrète et cachée. Elle peut très bien ne jamais vivre le 1 son potentiel créatif car inhibée par sa timidité et sa tendance naturelle au repli (2).

De même le 6 peut être vécu comme un verbiage ou un bavardage incessant, sans substance, moyen supplémentaire de se cacher à elle-même et de ne pas exister dans le concret (1). Chaque contradiction constitue une possibilité d'inhibition avec enfermement mais peut aussi être vécu comme un moteur d'évolution.

De plus, Marine a choisi le sexe féminin pour s'incarner ce qui lui facilite la tâche dans un premier temps, les énergies 2 et 3 étant féminines ; l'énergie 1 étant masculine, elle devra opérer la transmutation qui s'impose pour passer d'une énergie féminine le 2 à une énergie masculine le 1. Heureusement, l'aide cosmique qu'elle s'est choisie, le 6 est une énergie masculine. Ce sera plus facile... mais une certaine ambivalence pourrait se faire jour.

L'étude de cette personnalité reste à affiner par le décodage des énergies invisibles.

2. Zelma, née le 19/10/1971 :

Jour	:	19	1 + 9 = 10 = 1 + 0 = 1 . . .	**1. Le but à atteindre.**
Mois	:	10	1 + 0 = 1	**1. L'outil.**
Année	:	1971 . . .	1 + 9 + 7 + 1 = 9	**9. L'héritage.**
			1 + 0 + 7 + 1 = 9	
			1 + 1 + 9 = 1 + 1 + 0 = 2 .	**2. Le chemin de vie.**

- Les énergies visibles de Zelma sont donc : 1, 1, 9, 2.

- Zelma est d'abord marquée par le 9 énergie de sagesse et de patience qui la met au service d'autrui. Elle sait ce qu'est le don gratuit ; elle a cheminé, sans doute plusieurs vies, pour acquérir l'expérience qu'elle va partager avec ceux qui la côtoieront dans cette vie. Cette énergie 9 cependant, lui propose secret et repli.

Son but à atteindre est le 1.
Son outil est aussi le 1.
L'aide cosmique le 2.

- Zelma est une femme qui doit sans cesse se renouveler (1 son outil) pour parvenir à un processus d'individuation (1 but à atteindre), en puisant dans les mémoires du passé (2 son guide) et en utilisant ses expériences (9).

Elle doit veiller à exercer son sens du dévouement (9) en restant fidèle à elle-même et centrée et non pas vouloir le bien de l'autre à tout prix en pensant et agissant à sa place, comme elle a pu le faire dans les vies passées (9).

Zelma par cette personnalité, est sur le chemin de sa propre construction. Elle est incarnée en femme, comme le lui propose le 9 énergie féminine.

Son but et son outil sont masculins mais son aide cosmique est féminine ; la difficulté est gérable.

- La personnalité de Zelma est donc un reflet des trois énergies qui la composent : 9, 1, 2 ; on peut noter chez elle une tendance très forte au repli et à l'introversion, tendance portée par le 9 et le 2. Cependant le 9 est aussi porteur d'altruisme et de partage, énergies que le 1 deux fois répété mettra au jour. Zelma est donc une femme secrète, humble et douce (9, 2), sans cesse en quête et riche de créativité (1 deux fois répété) et riche d'innovation permanente.

- Cependant, Zelma est née le 19 et non le 1, au 10ème mois et non au 1er mois de l'année.

Cela suggère que Zelma s'est choisie un programme lui permettant de développer, dans cette incarnation, le 1 en 19 par un outil qui est à la fois 1 et 10. Son potentiel est plus large. Les énergies 19 et 10, démultiplications respectives du 1 en jour et mois de naissance, sont appelées énergies ULTIMES, en ce sens qu'elles poussent l'individu à aller au-delà de lui-même.

La personnalité de Zelma s'en trouve enrichie : par le 19, rappelons-nous sa force, son rayonnement, sa puissance. Le 19 est un rassembleur, un leader, un chef d'entreprise... Il doit sans cesse avoir des idées nouvelles pour diriger et se recréer en permanence. Par le 10, rappelons nous le dynamisme, l'alliance faite avec Dieu pour sauter les obstacles dans un élan d'évolution.

En résumé, nous voyons apparaître une Zelma beaucoup plus puissante et plus dynamique que le schéma précédent le proposait. Cependant les énergies 19 et 10 accentuent le coté masculin de sa personnalité. Il sera plus difficile à Zelma de les réaliser car elle s'est incarnée en femme.

2. Les Energies Invisibles :

• **Leur calcul :**
Elles sont obtenues en ajoutant deux à deux, les chiffres de la date de naissance : Jour + mois, jour + année, mois + année.

• **On a donc 3 énergies invisibles.**
Le chemin de vie n'est pas concerné par le calcul, il ne change pas.

• **L'interprétation** de ces énergies se fait toujours en référence aux lames, aux chiffres, et aux lettres Hébraïques considérés.

• **Leur caractère invisible** signifie qu'elles sont plus difficiles à découvrir et à utiliser pour l'individu qui les porte. Il les découvre en lui sous forme de ressources insoupçonnées, leur mise en évidence se faisant lors des crises évolutives qui parsèment sa vie ou au hasard des rencontres avec autrui.

Elles enrichissent encore sa personnalité.

Reprenons les deux exemples de Marine et Zelma :

1. Marine, née le 01/03/2000 :

Date de naissance :	*Energies visibles :*	
1	1. Le but.	
3	3. Le moyen.	6. Le chemin de vie.
2000	2. L'héritage.	

Energies invisibles :

1 (jour) + 3 (mois) = 4
1 (jour) + 2 (année) = 3
3 (mois) + 2 (année) = 5

Les énergies invisibles de Marine sont : 4, 3, 5.

Marine connaît l'énergie 3, elle l'utilise en tant que moyen dans ses énergies visibles ; la répétition de cette énergie 3 dans l'invisible la renforce, fait obligation à Marine de la vivre : manifester générosité, altruisme, imagination... tout ce qui est lié au 3, en positif comme en négatif,... en outre l'obligation d'être mère.

Les énergies 4 et 5 lui apportent des éléments nouveaux : le 4, la persévérance et la mobilité.

2. Zelma, née le 19/10/1971 :

Date de naissance :	*Energies Visibles :*
19	1 + 9 . . . . . = 1 . . Le but.
10	1 + 0 . . . . . = 1 . . Le moyen.
1971	1 + 9 + 7 + 1 . = 9 . . L'héritage.

Le Chemin de Vie 2

Energies Invisibles :

19 (jour) + 10 (mois) = 1 + 1 = 2
19 (jour) + 9 (année) = 1 + 9 = 1
10 (mois) + 9 (année) = 19 = 1

Les énergies Invisibles de Zelma sont donc : 2, 1, 1.

Le 2 lui propose secret et humilité.

Le 1 est deux fois répété et insiste sur le processus d'individuation et de recréation permanente.

Cependant, Zelma s'est donné des énergies Ultimes qui sont le 19, jour de sa naissance, et le 10, mois de sa naissance ; si on fait le calcul avec celles-ci :

19 (jour) + 10 (mois) = 19 + 10 = 19 + (1 + 0) = 20
ou = (1 + 9) + 10
= (1 + 0) + 10 = 11
19 (jour) + 9 (année) = 19 + 0 = 19
ou = (1 + 9) + 9
= (1 + 0) + 9 = 10
10 (mois) + 9 = 10 + 0 = 10

Apparaissent des énergies invisibles nouvelles : le 20 et le 11, qui introduisent des ressources cachées : dynamisme et enthousiasme pour le 20, sens de la justice et de l'équilibre, pour le 11. Le côté secret de la personnalité (2) déjà manifesté dans le chemin de vie est renforcé. Les autres énergies, 19 et 10 deux fois répétées, renforcent la nécessité de les vivre dans le visible.

2/ LE CHEMIN PARCOURU

◈I. Avec lui-même : Les défis

Le défi se manifeste par la présence, dans la date de naissance, d'un nombre compris entre 10 et 19, que ce nombre apparaisse spontanément ou par le calcul des énergies invisibles.

• *19 : Le défi est 1 devant le 9.*

L'individu devra se recréer (1) une fois le cycle accompli (9), manifester le tout (9) à travers Soi (1) i.e : ...il ne faut pas confondre le Soi avec le petit moi... et devenir bouffi d'orgueil !

Le challenge est difficile, mais s'il est accepté, le 19 est emporté par la main de DIEU, puisqu'alors il a signé le pacte du 10 (1 = 9 = 10), ouverture, réalisation, expansion.

Un individu porteur du 19 verra ses propres défauts dans un individu porteur du 9... Q.S.P.

• *18 : Le défi est 1 devant le 8.*

Manifester le 8, l'équilibre entre les mondes, à travers soi.

Comprimer sa force et la concentrer, à la manière d'un ressort exige adaptabilité et volonté. Il faut renaître à soi-même incessamment et concentrer ses expériences pour en tirer l'essence-ciel, c'est l'aboutissement du 18 en 9.

(1 + 8 = 9) ; en 9 , le 18 transcendé devient le porteur de Lumière. Il vit complètement le dévouement et le service à autrui. Le danger devient alors de vivre à la place d'autrui, penser pour lui... et, de ce fait, de ne plus exister soi-même... « L'enfer est pavé de bonnes intentions ! »

Un individu 18 rencontre chez un 8 les défauts qu'il ne veut pas voir chez lui ; la réciproque est moins évidente.

La rencontre sera de toute façon conflictuelle à son début.

• *17 : Le défi est 1 devant le 7.*

L'individu devra manifester le 7 : l'accomplissement et la perfection à travers soi, rester humble et réceptif en acceptant son pouvoir, être conscient que Dieu (7) œuvre à travers soi, et donc, que tout est donné, mais à condition de travailler pour l'obtenir (8) ! Le travail et la quête donnent alors le juste équilibre entre les deux boucles du 8 : le centre, l'Amour.

Un individu porteur du 17 rencontrant un individu 7 verra en lui ses propres défauts démultipliés, pouvant entraîner un conflit générateur d'évolution.

• *16 : Le défi : 1 devant le 6.*

L'individu devant ses choix (6) et les responsabilités qui en découleront (1 + 6 = 7). Savoir poser des choix dans l'Amour inconditionnel, le don gratuit, permet de prendre conscience de « l'Intelligence du pouvoir qui coule à flots » (7), mais cela est difficile. Il faut oser. Cela se fait souvent lors d'explosions de colère longtemps contenue.

Un individu porteur du 16 rencontre chez le 6 ses propres défauts, et vice versa... La rencontre est Explosive... Meurtre ou fusion peuvent s'en suivre.

• *15 : Le défi est 1 devant le 5.*

L'individu est ici placé devant son potentiel évolutif (5) et donc sa peur de l'inconnu. Cet état peut devenir paralysant. Moins l'individu évolue plus il se sclérose et s'enferme sur lui-même ; il descend dans l'enfermement jusqu'à un palier où il rencontre son guide intérieur, le (5) et il choisit (1 + 5 = 6) de saisir sa main pour remonter. Le retour à la lumière se fait, il peut ainsi témoigner de l'épreuve (manifester le 5 à travers le 1), être un guide pour l'autre, plein de sa propre expérience.

L'individu porteur du 15 verra chez le 5 la manifestation de ses propres défauts. Pour le 5 le processus du miroir sera moins flagrant ; la relation conflictuelle initialement peut évoluer vers la compréhension et l'amour.

14 : Le défi est 1 devant le 4.

Ayant mis en place ses corps mortels (corps physique, éthérique, astral, mental) dans l'Ego (causal), il devra développer son Ame (le causal est la première partie de l'Ame) à travers l'incarnation (le 4). Tous les êtres humains sont concernés par ce challenge mais l'individu 14 l'est particulièrement.

Le 1 devant le 4 signifie aussi la peur de l'engagement, la peur de toute structure, les conflits avec l'autorité, quelque soit son représentant... Pour un enfant, la peur irraisonnée du père ; ce sentiment poursuivra l'individu 14 dans sa vie d'adulte ; s'il s'agit d'une femme, cette problématique, non résolue, l'empêchera de réaliser une vie de couple et la conduira à la solitude ou à l'homosexualité.

Un individu porteur du 14 verra chez le 4, les défauts qu'il ne veut pas voir en lui, de même pour le 4 chez le 14, mais à un moindre degré. La relation, conflictuelle au départ, peut évoluer vers l'échange et l'amitié.

13 : le défi : 1 devant le 3.

Unir ses trois plans, spirituel, mental et affectif en un seul plan de vie.

La difficulté réside dans la manifestation des énergies du 3 : maternité, douceur, chaleur, productivité, etc. Par exemple, une femme porteuse du 13 peut avoir des difficultés à être mère.

Un 13 transcendé donne le 4 (1 + 3), aboutissement et concrétisation.

Un individu porteur du 13 rencontrant un 3 verra en l'autre ses propres défauts et aura du mal à les assumer chez l'autre.

Ils se révéleront l'un à l'autre dans la difficulté.

12 : Le défi est 1 devant le 2.

Manifester le 2 par le 1 ou assumer sa dualité pour atteindre l'ouverture (1 + 2 = 3) par là-même, gérer ses difficultés (1) à vivre en couple ou en association (2). Le 12 transcendé ouvre la porte à la productivité (3)... accepter la vie de couple (2) ouvre la porte à la création d'une famille.

Un individu 12 verra chez un individu 2 les difficultés qu'il a à réaliser le 2 (Q.S.P).

11 : Le défi est 1 devant le 1.

Le défi est 1 devant 1 : être en but permanent au regard de l'autre ceci générant une perpétuelle remise en question.

Il faudra naître à soi-même dans l'indépendance et l'autogestion, accomplir son processus d'individuation pour comprendre et utiliser ses dualités (1 + 1 = 2).

Si un individu 11 rencontre un individu 1, chacun verra chez l'autre les difficultés qu'il ne veut pas voire chez lui, à réaliser le 1 ; ceci doublement pour le 11. Cela peut être source de conflits ou de changement, si l'éclairage nouveau est accepté. Quoiqu'il en soit, il se révéleront l'un à l'autre, et chacun à soi même dans la difficulté.

10 : Le défi est 1 devant le 0.

Défi à l'individu de se trouver devant le TOUT. La prise de conscience de l'Immensité suscite enthousiasme et envie de découverte au positif, abattement et sentiment d'incapacité au négatif. Le défi à relever est de se mesurer au Tout, mais aussi de laisser le Tout se manifester à travers soi.

Le défi, partie intégrante de la personnalité, révèle à chacun ses potentiels cachés, ressources nouvelles dont l'individu n'a pas de conscience immédiate.

Elles lui sont révélées par une rencontre ou par un événement.

◈II. Dans le temps.

Muni de sa palette de couleurs, l'individu parcourt sa vie. Le temps qui lui est imparti pour apprendre ses leçons se ponctue d'étapes obligaroires où il doit nécessairement réajuster le cap.

1. Les Crises :

Certaines ont lieu à des âges particuliers de la vie, et sont en rapport avec le processus de croissance :

- l'âge de la naissance, correspond à la séparation de la mère et de l'enfant sur le plan physique.

- 7 ans, « l'âge de Raison », correspond à leur séparation sur le plan éthérique ; l'enfant met en place son propre corps éthérique.

- 14 ans, l'adolescence, correspond à la mise en place du corps astral, d'où la fragilité émotionnelle de cette période de la vie.

- 21 ans, la majorité d'autrefois, correspond à la mise en place du corps mental, la capacité de raisonnement est acquise, l'individu est responsable socialement. Aujourd'hui, la « majorité » est posée à l'âge de 18 ans... cela est sans fondement énergétique mais arrange les politiques !

- 28 ans, mise en place du corps causal : l'être est accompli en ses 5 dimensions ; cela correspond à une réalité nouvelle : bien des enfants de cet âge restent encore chez leurs parents et ne prennent vraiment leur indépendance que vers 30 ans.

Le processus d'individuation est terminé mais d'autres crises se préparent :

- 33 ans, âge de la mort du Christ, symbole de la Mort Initiatique.
C'est le moment de sa vie où l'individu, en pleine possession de ses moyens

(terminé à 28 ans), doit réorienter sa vie à la fois sur le plan professionnel et sur le plan affectif ; il lui faut souvent faire le deuil de choix obsolètes, et prendre les virages que suggère l'Arcane 13.

- 40 ans, âge d'entrer véritablement dans la maturité, de sortir du giron des Eaux Primordiales (40, valeur de Mem), pour exister en tant que responsable réel.

- 50 ans, âge probable de la ménopause ou de l'andropause, où il y a nécessité de transcender la fonction sexuelle procréative physique pour trouver un autre équilibre.

2. Les cycles de Vie.

De sa naissance à sa mort, la Vie de chacun se découpe en « tranches » : les cycles de Vie.

Ces cycles constituent une trame que l'univers tisse dans le temps ; dans cette trame siègent des probabilités évènementielles que l'individu saisit ou non selon sa liberté de choix.

Ces cycles se répètent, selon un rythme 3 : i.e. La vie se déroule en 3 cycles de 3 fois 9 années (3, la dimension trinitaire de l'être, 9 le retour au Divin) :

- 1er cycle de 0 à 27 ans (3 x 9) constitue **le cycle d'individuation** ;
l'individu se constitue en tant que tel.

2ème cycle de 27 à 54 ans (3 x 9) + (3 x 9) constitue **le cycle de productivité** ;
l'individu a un rôle social.

3ème cycle de 54 à (3 x 9)... et plus... constitue **le cycle des moissons** ;
l'individu récolte ce qu'il a semé.

Exemple :

Marine née le 01/03/2000. En 2005, elle se trouve dans son cycle d'individuation et dans la première neuvaine, puisqu'elle n'a que cinq ans ! On comprend qu'elle ait tout à construire !

Zelma née le 19/10/1971 a 34 ans en 2005 : elle a plus de 27 ans et se touve donc dans la première phase de son cycle de productivité. Il est logique de penser qu'elle exerce un métier depuis au moins 5 ans.

On peut ainsi calculer à quel moment il est opportun de prendre sa retraite... De toute façon, au début du cycle des moissons i.e. vers 54 ans... Ce n'est pas ce que propose le législateur !

J'ai considéré des cycles de 9 années, ou de 3 fois 9 années, le 9 prenant valeur de retour au tout. Chaque année est numérotée de 1 à 9 à l'intérieur de chaque neuvaine.

Les problèmes à gérer se répètent à une fréquence fixée et dans le même plan.

En année 9, pour l'évolution de l'Esprit.

En année 7, pour l'évolution de l'Ame.

En année 4, pour l'évolution du physique.

Le message est répété 3 fois, à chaque fois sous une forme différente et dans un plan différent, mais il a pour l'individu concerné la même signification.

En année 4, l'impact est au niveau physique, ex. : accident de la circulation, maladie.

En année 7, l'impact est au niveau de l'Ame et implique la nécessité de changer de comportement, ex : remise en question du fonctionnement de l'individu par des prises de conscience à la faveur de crises affectives ou psychiques.

En année 9, l'impact est au niveau de l'esprit, le bilan favorisant le retour au Divin. Enrichi de l'expérience acquise, l'individu fait les comptes sur tous les plans pour repartir du bon pied.

Si le message n'est pas compris au cours du cycle de 9 années, il est répété au cours du cycle suivant. Plus on avance en âge, plus le problème est difficile à résoudre car plus on s'attache à ses acquis, et plus l'effort demandé pour le changement est grand. On sait que le problème est résolu quand il ne nous est plus représenté.

3. Année Universelle.

L'année en cours donne à chaque individu vivant sous son référentiel, la vibration correspondant à la somme de ses chiffres, de 1 à 9. Leur signification est explicitée p.154.

Exemple :

L'année 2005 donne la vibration 7 (2 + 0 + 0 + 5) à chaque habitant de la planète TERRE.

L'année Universelle 7 demande à chacun de changer son état d'esprit, dans sa relation planétaire à autrui.

Cette vibration s'inscrit en toile de fond des cycles de vie.

4. Année d'évolution ou Année d'Evolution Personnelle.

L'année universelle n'a pas la même signification ou couleur pour chacun.

Elle prend la teinte de l'anniversaire de chacun.

Ainsi personalisée, elle devient Année d'Evolution Personnelle ou plus simplement : « année d'évolution ».

Pour son calcul, on ajoute :

Le JOUR + Le MOIS d'anniversaire + L'ANNEE EN COURS.

Exemple : l'année 2005

- Pour, Marine née le 01/03/2000, 2005 est une année 2 car ;
(Jour) **1** + (Mois) **3** + (année 2005 = 2 + 5 + 0) **7** = **11** = **2**

A son anniversaire 2005, Marine se trouve en année 2... L'année de ses 5 ans correspond à une période de dualité (c.f. Tableau p.133).

Elle a commencé le premier cycle de sa vie en année 6 !!! La naissance ne correspond pas forcément à une année 1 !

- Pour Zelma née 19/10/1971, 2005 est une année 9 car ;
(Jour) **19** + (Mois) **10** + **2005** = 1 + 9 + 1 + 0 + 2 + 0 + 5 = **9**
L'année 9 proposera de faire les comptes afférents aux 8 années précédentes.

➥ L'année d'évolution, couleur de l'année en cours au plan Personnel :

Année 1 : Nouveau départ.

Année 2 : Attente, recherche d'équilibre.

Année 3 : Ouverture, projets, rencontres.

Année 4 : Concrétisation, aboutissement.

Année 5 : Bouleversements de tous ordres par des évènements de l'extérieur.

Année 6 : Assumer les changements de l'année 5.

Année 7 : Nécessité de changement intérieur.

Année 8 : Risque à courir de changer sur les plans affectif (crise dans le couple) et professionnel (menace dans le travail ou promotion).

Année 9 : Bilan des neufs années précédentes : « Rien de neuf en 9 ».

➥ L'année Universelle prend les mêmes significations au plan Planétaire.

◈III. Dans l'espace : les rapports avec autrui.

Vous concevez maintenant que découvrir sa personnalité et les énergies qui l'animent est un parcours complexe que chaque individu met toute une vie à réaliser... Parfois, même une seule vie ne suffit pas car interviennent des phénomènes d'autocensure et de choix qui occultent certains potentiels.

Pour vous obliger à vous regarder et à vous découvrir, vous vous proposez des rencontres, miroirs de vous-même. C'est ainsi que les individus qui peuplent votre vie ont une ou plusieurs énergies communes avec les vôtres... Ce peut être parfois la totalité... Et c'est l'amour fou ou la haine farouche... Mais cela reste assez rare.

J'appelle ces énergies communes : **les ponts énergétiques**.

Ces ponts énergétiques vous permettent de reconnaître en l'autre une parcelle de vous-même. Le point commun fait le lien et la communication s'établit.

Si nous reprenons l'exemple de Marine et Zelma :

Marine, née le 01/03/2000
Zelma, née le 19/10/1971

Marine : *Energies visibles :* **1. Le but à atteindre.**
3. L'outil.
2. L'héritage.
6. Le chemin de vie.

Energies Invisibles :

1 + 3 = 4
1 + 2 = 3
2 + 3 = 5

Zelma :	*Energies visibles :*	**1. Le but à atteindre (issu de 19).**
		1. L'outil (issu de 10).
		9. L'héritage.
		2. Le chemin de vie (issu de 11).
	Energies invisibles :	
		1 + 1 = 2
		1 + 9 = 10 = 1
		9 + 1 = 10 = 1

Marine s'est choisie Zelma pour mère.

Regardons leur personnalité et notons leurs énergies communes :

le 1 et le 2 ou PONTS ENERGETIQUES.

Zelma et Marine ont le même but, le 1 :

Il s'agit, pour toutes les deux, d'exprimer leur individualité ; on peut craindre des frictions liées au rapport mère-fille dans la première enfance, la mère ne laissant pas sa fille s'exprimer, la fille se sentant étouffée par la mère ; en fait, chacune empiétant sur le territoire de l'autre. Au contraire, si chacune réalise son individuation, la relation mère-fille peut manquer de tendresse et de communication. Elles ont à prendre leur place chacune par rapport à l'autre dans un respect mutuel.

L'énergie 2 :

Zelma, la mère, a 2 en chemin de Vie ; Marine l'a en héritage... De ce fait, Marine connaît mieux le 2 que Zelma... Marine enseignera donc sa mère sur l'énergie 2 !

Zelma, guidée par la vibration du 2, puisqu'elle représente son Ange gardien, enseignera à Marine ce qu'elle n'en a pas compris, avec toute la douceur de cette énergie.

Quoiqu'il en soit, l'échange entre mère et fille sera riche. Marine, en ayant le 2 en héritage, servira de révélateur au 2 que sa mère a en énergie invisible, donc à découvrir.

Ceci illustre le fait que les enfants aident les parents sur le plan de l'Ame. Ceci est conforté par le fait que l'ensemble de la personnalité de Marine est plus tournée vers l'ouverture (3), l'échange (6) et le mouvement (5) que celle de Zelma qui, elle, présente de fortes tendances au repli (1, 1, 9 et 2).

Zelma devra accepter la fantaisie et la gaité de Marine pour évoluer. Marine, grâce à Zelma, se construira (1).

Chapitre 4

Les applications de la méthode

Pour faciliter la compréhension de ce qui est exposé, je vous propose de voir évoluer huit personnages (deux d'entre eux vous sont déjà familiers : Marine et Zelma) devant vos yeux. Pour chacun, j'expose les grandes lignes de sa personnalité, je dégage son karma et ses potentiels évolutifs... Le facteur « Liberté de choix » est, pour chacun d'entre eux, sous-entendu... Je vous suggère de vous reporter, pour l'étude de chaque énergie à la lame concernée et à ce qu'elle vous révèle quand vous lisez le texte ou quand vous méditez sur elle. Je n'ai pas la prétention d'être exhaustive... Ces énergies sont des émanations directes de Dieu, d'une richesse fabuleuse sans cesse renouvelées. Elles vous seront révélées en fonction de la capacité d'Amour que vous aurez à les accueillir.

1/ LE DECODAGE DANS LE VISIBLE :

1. Marc, né le 30/03/1961 :

Ses Energies visibles sont : 3, 3, 8, 5... obtenues comme suit :

Jour . . . 30 . . 3 + 0 = 3 . . . . **3. Son But.**
Mois. . . 3 . . . . **3. L'outil** (moyen pour arriver au but).
Année . . 1961 . 1 + 9 + 6 + 1 =
1 + 0 + 6 + 1 = 8 . . . . **8. Son héritage.**
3 + 3 + 8 = 14 = 1 + 4 = 5 . . **5. Son chemin de Vie**, son mode de fonctionnement.

- Marc est d'abord marqué par le 8, son héritage : il est fort, mais cyclothymique ; il est doué de médiumnité. Cette vie doit particulièrement lui apprendre à maîtriser ses pulsions.

De cette énergie 8, il doit atteindre le 3, la générosité, la chaleur, une certaine tendresse...

L'outil qui lui est donné représente la même énergie que celle du but à atteindre, le 3.

Parti d'une énergie masculine, le 8, il doit atteindre une énergie féminine, le 3... alors qu'il a choisit le sexe masculin pour cette incarnation.

Son mode d'action est celui du 5, la clair-audience, le guide intérieur, l'union des pôles féminin et masculin. Mobilité, capacité de transcendance.

Le 5 étant une Energie androgyne, le challenge est difficile mais réalisable pour un homme de cet âge, en cheminement personnel.

- La personnalité de Marc émane le mélange de ces énergies.

Par le 8, il est à la fois fort et soumis à des variations d'humeur. Il doit accepter son potentiel de médiumnité.

Le 8 est une autre facette du 11, il peut avoir des difficultés d'expression de son être profond ; cette difficulté se concrétise particulièrement pour lui ; il part, en effet d'une énergie masculine, le 8, pour arriver à une énergie féminine, le 3, tout en assumant son sexe masculin incarné.

Le 3, répété en 30, fait de lui un être doux, extrêmement chaleureux et enveloppant, doué de charisme protecteur.

Le 5 lui donne fantaisie, gaieté, grand potentiel évolutif dans la maîtrise de son psychique et de son affectif. Il aura, sans cesse besoin de renouveau et de fantaisie dans sa vie ; c'est un être très mobile.

2. Pierre ne le 26/08/1955 :

Jour . . . 26 . . 2 + 6 = 8 . . . . **8. Le but.**
Mois. . . 8 . . . . **8. L'outil.**
Année . . 1955 . 1 + 9 + 5 + 5 =
1 + 0 + 5 + 5 = 11
= 1 + 1
= 2 . . . . **2. L'héritage.**
(11, Energie Ultime de 2.)
8 + 8 + 2 = 18 = 1 + 8 = 9 . . **9. Le chemin de vie.**

- Les énergies visibles de Pierre sont : 8, 2, 9.

- Pierre s'est incarné en homme en ayant pour héritage les énergies féminines absolues de réceptivité et de passivité. Cela laisse présumer un changement brutal de sexe après plusieurs vies successives de femme. Il lui faudra l'accepter... Peut être aura-t-il tendance dès son plus jeune âge à jouer à la poupée, puis plus tard à s'habiller en femme et éventuellement tendre à des pratiques homosexuelles voir transsexuelles.

Son devenir est le 8 comme l'outil qu'il maniera. Le 8 est le juste équilibre entre deux mondes, celui de l'esprit et de la matière, de l'ombre et de la lumière, de tous les opposés... Ce qui ne l'aidera pas à gérer son ambivalence de départ.

L'aide cosmique du 9 lui proposant, service et dévouement à autrui, lui montrera la voix, par le service à l'autre il se réalisera. Mais le 9 est aussi une énergie féminine ! Rien n'est parfait.

- Sa personnalité est donc un heureux mélange de douceur, d'humilité (2) et de force (8) ; au service de l'autre (9) se sera un excellent guérisseur (9, 8) doué d'une exceptionnelle médiumnité (2, 8). Sa réalisation dans la compassion et l'ouverture du cœur le conduira à transcender ses ambivalences sexuelles et à s'accepter en tant qu'homme.

- Cependant Pierre est né un 26 et non un 8 août. Il devra donc manifester le 6 par le 2 c'est à dire accepter les dualités inhérentes à ces énergies ; il devra utiliser les qualités du 6 - pouvoir du verbe - pour réaliser le 2 potentiel d'écoute et de réserve - quelle antithèse ! Utiliser le verbe pour manifester l'écoute et le silence. On peut traduire cette proposition de la manière suivante : savoir manier le verbe (6) pour suggérer le propos (2), tout l'art d'un brillant thérapeute. Ici Pierre apparaît comme un brillant orateur (6) qui touche au plus profond de l'individu (2). Sa personnalité s'en trouve enrichie.

- De plus en héritage, il a reçu l'énergie ultime 11, énergie de juste équilibre et de repositionnement par rapport à soi-même ; elle impose une discipline personnelle stricte, la révision constante de ses choix. Ce qu'il n'a pas su faire par rapport au choix dans une vie passée (11) lui est reproposé ici dans le 6 de son jour de naissance (6 nécessité de trancher, ZAÏN). Il doit vaincre son immobilisme et sa passivité du passé. Il le réalisera dans l'action, les deux boucles du 8 action/passivité lui demandant un équilibrage constant de ses opposés.

3. Patricia née le 23/10/1950 :

Jour . . .	23	2 + 3 = 5	**5. Le but.**
Mois. . .	10	1 + 0 = 1	**1. L'outil.**
Année . .	1950 . . .	1 + 9 + 5 = 6	**6. L'héritage.**
		5 + 1 + 6 = 12 = 1 + 2 = 3 . .	**3. Le chemin de vie.**

- Les énergies visibles de Patricia sont : 5, 1, 6, 3.

Patricia a reçu le 6 en héritage. Nous en avons longuement parlé lors de l'étude de la date de naissance de Marine. Le 6 est une énergie masculine, on peut donc dire que Patricia connaît tout du 6 et sait comment l'utiliser. Dans ses vies passées, elle a eu tendance à exploiter ses cotés négatifs : ruse, fourberie, utilisation d'autrui et mauvaise foi. Elle doit dans cette vie, obligatoirement gérer ces éléments.

Le moyen qu'elle s'est donné pour le faire est celui du 1, renouveau et re-création permanente par branchement direct sur le Très Haut. 1 élargi au 10, alliance directe avec Dieu, lui donnera l'élan nécessaire à se sortir des côtés négatifs du 6 et à retrouver en elle sa capacité d'Amour inconditionnel et de don gratuit, déjà utilisée dans des vies passées.

Le but à atteindre est le 5 : la mobilité, la fantaisie, la capacité au changement... mais aussi être un guide spirituel pour soi et pour autrui. Ici, 5 est issu de 23 : manifester le 3 par le 2 ; le 3, générosité, productivité, accueil, voire maternage et tendresse devra être manifesté par toutes les dualités de sa personnalité. De plus, le 5 est une énergie androgyne.

L'aide cosmique est aussi le 3, la tâche précédente lui sera facilitée, d'autant plus que le 12 est son énergie ultime... le 12... le lâcher-prise ! Beau programme !

La personnalité de Patricia émane le mélange de toutes ces énergies. Mobile, pleine de fantaisie (5), très bavarde (6), généreuse (3), elle peut retourner une situation et en tirer la meilleur part (1, 6) ; très dynamique (10), elle fait preuve d'une grande humilité (2), humilité, qui dérivant en passivité, doit la pousser à agir (le 2 se manifestant par le 1) ; cependant, si la passivité l'emporte sur l'action et la créativité (1), elle utilisera plutôt la fuite (12). Si elle transcende le 12 par le 3 (1 + 2), elle expérimentera l'ouverture du cœur propre à cette énergie, et vivra en elle-même toutes ses qualités de femme : dans le 2 et dans le 3, but qu'elle doit atteindre par le 23.

4. Paul né le 15/03/1957 :

Jour . . . 15 . . . .1 + 5 + 6 = 6 . . . . . . **6. Le but.**
Mois. . . 03 . . . . **3. L'outil.**
Année . . 1957 . . .1 + 9 + 5 + 7 = 13
1 + 3 = 4 . . . . **4. L'héritage.**

6 + 3 + 4 = 13
1 + 3 = 4 . . . . . . **4. L'aide cosmique.**

- Les énergies visibles de Paul sont : 4, 6, 3.

Le 4 en héritage lui donne puissance, stabilité et opiniâtreté. Dans ses vies passées, il a pu abuser de son autorité et de son pouvoir... Le 4 est celui qui donne le Nom ; quand on sait que le Verbe est créateur et que le son définit la forme, on comprend la puissance du Père. Paul est viscéralement un père de famille mais il doit apprendre qu'il n'a pas tout pouvoir sur elle.

Le but à atteindre, le 6, signifie justement partage et don gratuit... et aussi... l'utilisation du mot juste... Quel heureux hasard pour Paul ! Le 6 est élargi à son énergie ultime le 15, jeu, plaisir et rire, intéressant pour contrebalancer le sérieux du 4 ; cependant, dans ce 15, le 5, mobilité, fantaisie et mouvement devra se manifester par le 1, concentration. 1 devant le 5 pose à Paul le problème de sa mutabilité et de sa capacité à résoudre une partie de son karma (abus des pouvoirs du 4).

Son outil, le 3, lui donne imagination, ouverture et tendresse. Energie féminine, elle compensera l'apparence froide et autoritaire du 4. Le but semble de ce fait, plus facile à atteindre.

L'aide cosmique qui est allouée est le 4... Rien n'est parfait ! Ce 4 peut renforcer le côté rigide de sa personnalité. Ce 4 est issu du 13... : le 3 (générosité et ouverture) doit se manifester par le 1 (remise en question permanente)... Difficile pour un 4 qui baigne dans ses certitudes. Le 3 qui lui est donné comme outil, est répété dans l'aide cosmique, derrière le 1 ; il est plus difficile à atteindre. Le 13, en tant qu'énergie ultime, lui propose des morts-renaissances à lui-même, décapantes (deuils, accidents et maladies graves...) ; l'opposition entre l'outil 3, et l'aide cosmique 13, n'est qu'apparent et constitue un puissant moteur d'évolution.

La personnalité de Paul émane de ces différentes énergies : on voit, en lui, un homme fort, puissant, autoritaire, fiable et persévérant. Doté de beaucoup de charmes, il manie avec art la séduction (15). Chaleureux (3), il a le mot juste et percutant (4, 6). Soumis à de rudes épreuves (13), il en renaîtra plus fort, car il saura rire de lui-même (15).

5. Alphonse, né le 27/01/1927 :

Jour . . . 27 . . . .2 + 7 = 9 . . . . **9. Le but.**
Mois. . . 01 . . . .0 + 1 = 1 . . . . **1. L'outil.**
Année . . 1927 . . .1 + 9 + 2 + 7 =
1 + 2 + 7 = 10. . . . **1. L'héritage.**

9 + 1 + 1 = 2 . . . . . . **2. L'aide cosmique ou Chemin de vie.**

- Les énergies visibles d'Alphonse sont : 9, 1, 2.

- En héritage, le 1 lui donne son potentiel de créativité et de conscience de soi. Il est élargi au 10, à son énergie ultime, qui lui confère dynamisme et mobilité ; elle confirme l'alliance avec le Divin, incluse dans le branchement direct du 1.

Son outil est le 1 : il doit, plus que dans les vies passées, canaliser l'énergie cosmique pour l'utiliser dans l'Amour. L'égocentrisme est désormais prohibé.

Le but à atteindre est le 9 : prévaut la notion de service à autrui, le soin, sous toutes ses formes, le partage de ses expériences... Etre un soleil pour l'autre... Une lumière dans la nuit.

Il lui faut donc être centré (1) pour s'ouvrir à l'autre (9) ; cette dualité est, pour lui, un moteur d'évolution.

L'aide cosmique est le 2, les Mémoires Universelles, la Partie Féminine de Dieu ; en puisant en Elle et en ses ressources personnelles cachées, il cheminera vers sa réalisation (9) ; cette réalisation passe par le service à autrui.

- La personnalité d'Alphonse émane le mélange de ces énergies, essentiellement masculines. D'apparence sèche (1), secret (2), solitaire (1, 1, 9), il parle peu. Il est cependant assez dynamique (1 élargi au 10 en héritage) mais il a une forte tendance au repli (2, 9). C'est un sage, volontiers ermite, capable spontanément de partager ses expériences et de rendre service (9), mais ses difficultés de communication le font passer pour un ours !

Le dynamisme du 10 devra le sortir de sa réserve (9, 2) ; sa capacité à se remettre en question (1) le sauvera de l'autisme (2) et de la solitude (9).

6. Jean, né le 10/08/1914 :

Jour . . . 10 . . . . .1 + 0 = 1 . . . . **1. Le but.**
Mois. . . 8 . . . . . .8 . . . . **8. L'outil.**
Année . . 1914 . . .1 + 9 + 1 + 4 =
= 6 . . . . **6. L'héritage.**

1 + 8 + 6 = 15
= 1 + 5 = 6. . . . . . . **6. L'aide cosmique.**

- Les énergies visibles de Jean sont : 1, 8, 6.

- Vous en savez déjà beaucoup sur le 6, que Jean a en héritage.

Le but à atteindre est le 1 : indépendance, créativité et innovation.

L'outil est le 8 : médiumnité, juste équilibre entre l'Esprit et la Matière (ne pas être dans la boucle du bas du 8 et privilégier l'argent et les biens de ce monde, ou dans la boucle du haut du 8 et privilégier le rêve en restant dans sa bulle) ; il faut gérer les deux mondes. Le 8 est un outil d'équilibrage et de force.

Il s'agit donc, pour Jean, de partir d'une forme de dualité (6) pour atteindre à l'unité (1) en utilisant une autre forme de dualité (8) ; avec le 6, la dimension est plutôt horizontale : distinguer le Moi du Non-Moi par le Verbe, avec le 8, la dimension est plutôt verticale. La croix se dessine, le but en est la régénéressence permanente (1).

L'aide cosmique, le 6 élargi au 15, est encore une énergie de dualité ; rire et dérision font rebondir... mais, seulement après avoir toucher le fond (Luciferrentes... le porteur de Lumière !).

- La personnalité de Jean est donc avant tout, celle d'un être double, qui peut apparaître comme versatile et opportuniste. Beau parleur (6), charmeur (15), dynamique (10), dégageant une force (8) magnétique (15),

Il peut être attaché à l'argent (8, 15) et égocentrique (1).

2/ LE DECODAGE DANS L'INVISIBLE :

1. Marc, né le 30/03/1961 :

Date de naissance :		Energies visibles :	
Jour	30	30	**3. Le but.**
Mois	03	3	**3. Le moyen.**
Année	1961	1 + 9 + 6 + 1	**8. L'héritage**
		3 + 3 + 8	**5. Le chemin de vie.**

Energies Invisibles :

30 (jour) + 3 (mois) = **6**
30 (jour) + 8 (année) = **11**
3 (mois) + 8 (année) = **11**

Les énergies invisibles de Marc sont : 6, 11, 11.

Ce sont uniquement des énergies de dualité ; elles renforcent l'ambivalence de Marc, déjà suggérée dans le visible.

Le 6 lui donne le pouvoir du verbe et la dualité dans le comportement.

Le 11 est deux fois répété : il est Hypersensible à l'injustice et extrêmement vulnérable au regard de l'autre.

Le problème du 1 devant le 1 représente pour Marc un défi majeur. On sait de plus, que l'énergie 11 est l'énergie ultime de 2 ; on voit apparaître, chez Marc, le côté secret et féminin à l'extrême.

2. Pierre, né le 28/06/1955 :

Date de naissance :		Energies visibles :	
Jour	28	2 + 8 = 10 = 1	**1. Le but.**
Mois	6	6	**6. Le moyen.**
Année	1955	1 + 9 + 5 + 5 =	
		1 + 0 + 5 + 5 = 11	
		1 + 1 = 2	**2. L'héritage.**
		1 + 6 + 2	**9. Chemin de vie.**

Energies invisibles :

28 (jour) + 6 (mois) = 1 + 6 = **7**
28 (jour) + 2 (année) = 1 + 2 = **3**
6 (mois) + 2 (année) = 6 + 2 = **8**

Les énergies invisibles de Pierre sont : 7, 3, 8, complètement nouvelles pour lui.

Le 7 lui donne pouvoir et intelligence, exigence et autorité naturelle.
Le 3, générosité...
Le 8, force, médiumnité...

Si on considère les énergies ultimes :

28	10	10 (jour) + 6 (mois)	= 10 + 6 = **16**
6	6	10 (jour) + 11 (année)	= 10 +11 = **21**
11	11	6 (mois) + 11 (année)	= 6 + 11 = **17**

Apparaissent de nouvelles énergies 16, 21 et 17, et les défis qu'elles portent en elles.

16 donnera à Pierre violence et passion, un tempérament colérique qu'il lui faudra apprivoiser pour trouver le mot juste et donc parvenir au 7.

21 fait de lui un être centré, ce qui est difficile à concilier avec les remous du 16.

17 le fait naître sous une bonne étoile, mais 1 devant le 7 lui pose le défi de concilier pouvoir et pureté de cœur ; accepter son propre pouvoir lui fera prendre conscience qu'il n'en est que le transmetteur.

3. Patricia née le 23/10/1950 :

Date de naissance :			Energies visibles :
Jour . . .	23	2 + 3 = 5.	**5. Le but.**
Mois. . .	10	1 + 0 = 1.	**1. Le moyen.**
Année . .	1950. . . .	1 + 9 + 5 + 0 = 6. . .	**6. L'héritage.**
		5 + 6 + 1 = 2.	**3. Le chemin de vie.**

Energies invisibles :

5 (jour) + 1 (mois) = **6**
5 (jour) + 6 (année) = **11**
1 (mois) + 6 (année) = 7

- Patricia a les énergies invisibles suivantes : 6, 11, 7.

Le 7 lui apporte rigueur, intransigeance, voir étroitesse d'esprit ou maniaquerie.

Le 6 et le 11, la recherche du juste équilibre.

6 et 7 donnent à Patricia pertinence et sagacité : « elle a toujours raison » ce qui peut être mal vécu par l'entourage, mais avec le 11 elle usera de cette qualité avec parcimonie, son souci étant principalement de ne pas nuire à autrui.

Si on considère les énergies ultimes 23 et 10 apparaissent les énergies invisibles suivantes :

23 (jour) + 10 (mois) = (2 + 3) + 10 = **15**

23 (jour) + 6 (année) = (2 + 3) + 6 . = **11**

6 (année) + 10 (mois) = 6 + 10 . . . = **16**

Le 15 et le 16 sortent du chapeau et font de Patricia un être passionné (16) et ludique (15) avec les défis correspondants suivants : 1 devant le 5 et 1 devant le 6, chacune en opposition avec le 1 et le 6 qu'elle a en énergies visibles ; Patricia est en pleine dualité et opposition, entre le mouvement 5 et sa difficulté d'expansion 15, le choix 6 et sa passion 16. Ses comportements devront résoudre le dilemme entre fantaisie (5) et enfermement (15) d'une part, entre dualité (6) et solitude (7 = 1 + 6), d'autre part.

4. Paul né le 15/03/1957 :

Date de naissance :		Energies visibles :	
Jour	15	1 + 5 = 6	**6. Le but.**
Mois	3	3 = 3	**3. Le moyen.**
Année	1957	1 + 9 + 5 + 7 = 4	**4. L'héritage.**
		6 + 3 + 4 = 4	**4. Le chemin de vie.**

Energies invisibles :

6 (jour) + 3 (mois) . . . . = **9**
6 (jour) + 4 (année) = 1 + 0 = **1**
4 (année) + 3 (mois). . . . = **7**

Les énergies invisibles de Paul sont donc 9, 1, 7.

Le 9 lui propose d'expérimenter le service et la disponibilité ; ce qui renforcera sa générosité naturelle (3) et son esprit de partage (6).

Le 1 et le 7 lui apporteront, individualisme et besoin de solitude. Il devra se mouvoir entre ses tendances à l'égocentrisme (1, 7) et son désir de partage (9, 6, 3).

Le 1, le 7 et le 6 font de lui un leader, brillant orateur capable d'endoctriner les foules (syndicaliste par exemple...).

Si on considère les énergies ultimes :

15 (jour) + 3 (mois) . . . . = **18**
15 (jour) + 13 (année) = 15 + (1 + 3) = 15 + 4 = **19**
= (1 + 5) + 13 = 6 + 13 = **19**
13 (année) + 3 (mois) = 13 + 3. . . . . = **16**

Apparaissent les énergies invisibles 18, 19, 16, et les défis qui vont avec elles.

18 pose le problème d'un complexe fusionnel à régler avec la mère, et donc à dépasser. Ceci se fera par le service (1 + 8 = 9). La difficulté est corsée par le 9 posé en défi dans l'énergie invisible du 19. C'est donc seulement

en vivant le 10 (1 + 9), alliance directe avec Dieu qu'il trouvera la solution. Le 16 devrait l'aider en cette démarche par le 7 (1 + 6), sa profonde quête spirituelle, d'autant plus que le 6, dans le visible, lui apporte le dépassement et la transcendance dans l'Amour Inconditionnel.

5. Alphonse, né le 27/01/1927 :

Date de naissance :		Energies visibles :
Jour 27	. . . . . 2 + 7= 9	**9. Le but.**
Mois. 1	. . . .	**1. Le moyen.**
Année 1927	. . . . 1 + 9 + 2 + 7 = 1 .	**1. L'héritage.**
	9 + 1 + 1 = 2 . . .	**2. Le chemin de vie.**

Energies invisibles :

9 (jour) + 1 (mois) = **1**
9 (jour) + 1 (année) = **1**
1 (mois) + 1 (année) = **2**

Les énergies invisibles d'Alphonse sont : 1, 1, 2.

Vous en savez suffisamment sur ces énergies pour pouvoir décrypter la nouvelle personnalité d'Alphonse.

Si on considère les énergies ultimes les énergies invisibles qui apparaissent sont les suivantes :

27 (jour) + 1 (mois) = 2 + 7 + 1 = **10**
27 (jour) + 10 (année) = 2 + 7 + 10 = **19**
1 (mois) + 10 (année) = 1 + 10 = **11**

Les énergies invisibles, inhérentes aux énergies ultimes sont : 10, 19 et 11 ; Alphonse apparaît ainsi dynamique (10), émanant pouvoir et autorité (19)... mais éminent diplomate (11). Les défis que ces énergies génèrent : 1 devant le 0, 1 devant le 9, 1 devant le 1, sont autant pour Alphonse de recoins de sa personnalité et de moteurs d'évolution.

6. Jean, né le 10/8/1914 :

Date de naissance :		Energies visibles :	
Jour	10	1 + 0 = 1	**1. Le but.**
Mois	8		**8. Le moyen.**
Année	1914	1 + 9 + 1 + 4 = 6	**6. L'héritage.**
		1 + 8 + 6	**6. Le chemin de vie.**

Energies invisibles :

1 (jour) + 8 (mois) = **9**
1 (jour) + 6 (année) = **7**
6 (année) + 8 (mois) = 14
1 + 4 = **5**

Les énergies invisibles de Jean sont : 9, 7 et 5.

Le 9 lui propose le service, le 7 l'exigence et le perfectionnisme ; ces énergies le pousseraient à la solitude si le 5 ne venait lui proposer rencontres et mouvement. Le 6, Amour inconditionnel, ouvrira son cœur.

Si on considère maintenant les énergies ultimes :

10 (jour) + 8 (mois) = **18**
10 (jour) + 6 (année) = **16**
8 (mois) + 6 (année) = **14**

On voit apparaître de nouvelles énergies, 18, 16, 14, avec les défis qu'elles comportent.

Le 18 donne douceur et mutabilité à Alphonse, très attaché à maman ; transcendé dans le 9 (1 + 8), il renforce le but à atteindre (9) dans le visible. Le 16, violence et passion, le fera lutter contre la mauvaise foi du 6 ; transcendé (1 + 6 = 7), il renforce l'outil (7) donné dans le visible. Le 14 fait d'Alphonse un homme fiable et un soutien pour autrui... même si la relation au père (et donc l'engagement dans le 4) n'est pas encore facile.

3/ LE HASARD ET LA NECESSITE DES RENCONTRES.

Exemple 1 : Pierre et Paul se rencontrent.

L'étude de leur thème de naissance met en évidence l'énergie 6, commune aux deux hommes, dans les énergies visibles.

C'est par cette lunette qu'ils vont se reconnaître, chacun voyant en l'autre un autre soi-même (cela suppose que le 6 soit vécu par les deux ; s'il ne l'est pas, la rencontre peut générer une prise de conscience).

Si chacun voit en l'autre ses propres qualités, s'installe une sympathie, voire une amitié. Le 6 est alors un point de convergence.

Si chacun voit en l'autre ses propres défauts, c'est l'inverse. Le 6 est alors divergence. Chacun déteste cordialement l'autre.

Si chacun voit ses qualités et défauts chez l'autre, le lien s'installe, ainsi que dialogue et partage, énergies propres au 6.

Pierre a le 6 en outil : Paul représente, pour lui, un moyen de se découvrir. Paul a le 6 comme but à atteindre, Pierre représente pour lui l'idéal de sa vie.

La relation progresse et ils découvrent peu à peu leurs différences dans le visible.

Puis, les énergies se démasquent au fil du temps, et chacun découvre les énergies invisibles qu'ils ont en commun. Le 7 et le 16 peuvent les rapprocher ou les séparer.

Le 10, énergie d'ouverture, si elle est vécue positivement, fera le lien entre eux, d'autant plus que le 9, énergie de service, peut les y pousser.

C'est ainsi que le « Destin » les renvoyant à eux-mêmes par le biais de l'Amour qui circule entre eux, les poussent à mieux se connaître et à s'enrichir mutuellement :

Pierre s'enrichira des énergies 4 et 3 (visibles chez Paul), 13, 19, 22, (invisibles chez Paul) ; et vice versa pour Paul.

Si l'Amour ne circule pas entre les deux hommes, l'échange est plus âpre et les deux personalités évoluent malgré les difficultés.

Ce qui vaut pour des rencontres de « hasard » vaut encore davantage pour les membres d'une même famille ; c.f. Les liens entre Marine et Zelma explicités plus haut et ce qui suit...

Exemple 2 : Patricia, mère de Zelma, grand-mère de Marine.

- Patricia et Zelma :

Patricia et Zelma ont le même moyen de réaliser leur vie, le 1 avec le 10 en énergie ultime : la créativité (1) et le dynamisme (10), proposant l'ouverture à l'autre ; ceci propose encore une certaine fusion entre mère et fille, d'autant que Zelma a un chemin de vie 2 et une énergie secrète 18. Zelma sortira de cette problématique par le but qu'elle s'est donner d'atteindre, le 1, avec le 19 en ultime, proposant rayonnement et individuation.

Patricia sait que son devenir n'est pas une fusion avec sa fille mais une évolution (5), but à atteindre pour elle, bien que son énergie invisible 15 soit en opposition avec ce but, les énergies 7 et 16 l'aideront à le réaliser.

Le problème de communication dû au 11 peut rendre l'échange plus difficile entre la mère et la fille ; ce 11, posant le défi d'exister individuellement pour l'une et pour l'autre, les poussera à grandir, à se séparer l'une de l'autre, et par là-même à se retrouver. C'est un cheminement classique pour une mère et une fille : la grossesse induit la fusion, la naissance, l'individuation ; les deux doivent ensuite se reconnaître l'une dans l'autre (1, 11, 2, 20), l'enfant prenant la mère pour modèle et l'entraînant aussi dans son évolution ; elles doivent plus tard, se séparer, pour reprendre leur identité, les différences étant vécues comme des oppositions... nécessaires à ce cheminement. L'Amour et le temps les montrent ensuite comme sources d'enrichissement mutuel.

N'oublions pas que nous nous sommes choisi nos parents... En fonction de ce qui est bon pour nous et non selon notre désir.
Sachons les accepter tels qu'ils sont !

- Patricia et Marine :

Ont en commun plusieurs énergies :

1, le moyen de vie de Patricia est le but à atteindre pour Marine. Si la problématique se répète à la troisième génération, - Marine -, c'est qu'elle n'a pas été complètement résolue entre Patricia et Zelma.

6, héritage pour Patricia, chemin de vie pour Marine. Elles s'aideront l'une l'autre, si elles s'acceptent dans les défauts liés au 6 ; l'une servant de guide à l'autre, Marine pour Patricia, l'autre servant de base et de référence pour l'autre, Patricia pour Marine.

5, Patricia l'a pour but, Marine en énergie invisible. Patricia sera pour Marine un révélateur de ses potentialités cachées, Marine indiquera à Patricia le but à atteindre.

2, en héritage pour Marine, en énergie invisible pour Patricia ; Marine le révélera à Patricia, Patricia aidera Marine à résoudre ce qu'elle n'a pas compris de 2... son karma.

3, chemin de vie de Patricia, révélateur de 3 invisible chez Marine : voix de maternité et d'ouverture à découvrir l'une par l'autre.

Nous voyons ainsi que Marine et Patricia ont infiniment de points communs dans les énergies sus citées. Si elles acceptent de les vivre en positif, elles s'adoreront et s'entendront comme larrons en foire, ceci est souvent le cas entre grands-parents et petits-enfants.

Chez les trois femmes, reviennent les énergies 1 et 2, individuation et affirmation de soi (1) dans la douceur et la féminité (2) ; c'est ce que le tissu familial propose de régler à ces trois femmes.

Le guide est différent pour chacune : Patricia, le 3 (ouverture et maternité), Zelma, le 2 (secret et humilité), Marine, le 6 (ouverture et partage) mais le lien filial d'amour qui les unit aplanira les difficultés.

Exemple 3 : Alphonse et Zelma.

Alphonse est le grand père de Zelma. Leurs énergies visibles sont inversées, mais comme ce qui est en haut est comme ce qui est en bas, on sent que la fusion est inévitable, l'un servant de miroir à l'autre (fusion ou répulsion !!!). On penchera pour la fusion car l'un est féminin et l'autre masculin, c'est la solution la plus probable. Si ces deux êtres se ressemblent beaucoup, à la fois dans le visible et l'invisible, quelques différences les séparent.

Pour Zelma, le but à atteindre est soleil (19) ; pour Alphonse, c'est le (9), issu du 27. Cette opposition si elle existe réellement est amoindrie par le 2, énergie d'écoute et d'humilité que chacun possède, de plus le 10, énergie d'ouverture qui leur est commune fait pencher la balance vers l'amour ; chacun prendra sa place.

Entre ces deux êtres pas de quartier, ça passe ou ça casse... Mais en général ça passe, car grand-père et petite fille s'adorent.

Dans l'hypothèse contraire, Marine et Alphonse vivront le conflit des générations. On sait la difficulté des parents à faire passer les messages de leurs expériences vécues à leur enfants ; les choses sont plus faciles pour les grands parents.

Elles le sont encore plus quand il n'y a plus la barrière de l'incarnation ; la mort physique libère l'âme dans tous ses potentiels énergétiques alors compris et intégrés par celui qui meurt. C'est ainsi qu'Alphonse, une fois mort, aida Zelma à se réaliser ; chacune des énergies d'Alphonse se comporte comme un message pour les énergies correspondantes de Zelma : il la fait bénéficier des ses acquis et l'aide ainsi à grandir en un processus de fusion subtile.

C'est ainsi que les invisibles nous aident, quand ils ont franchi la barrière de la mort physique.

Comme si se produisait un phénomène de diffusion subtile des informations contenues dans une énergie donnée ; l'émetteur, chez le décédé, entre alors en résonance avec le récepteur de l'incarné.

Par exemple : le 2 d'Alphonse entre en résonance avec le 2 de Zelma et l'enrichit de son long vécu... et ainsi pour toutes les autres énergies communes... Zelma, cependant a toujours le choix d'accepter le message, l'Amour restant le fil conducteur.

Exemple 4 : Alphonse et Marc.

Alphonse est le père de Marc. Marc percevait son père comme froid introverti et solitaire, les qualités négatives du 11 ; Alphonse est bien autre chose mais Marc n'arrivait pas à le voir car il ne percevait son père qu'à travers la lunette du 11... la seule énergie qu'ils aient en commun ; la communication restait difficile.

C'est alors que Jean, le frère d'Alphonse décède brutalement. Marc extrêmement sensible est surpris du manque d'émotion que manifeste son père. Or Jean et Marc ont beaucoup d'énergies en commun, surtout le 6, le partage et la communication dans l'Amour inconditionnel. Le décès de Jean libère cette énergie 6 ; elle entre en résonance avec l'énergie 6 de Marc et le pousse au partage : pour la première fois de sa vie, Marc parle de lui à son père. Ayant tous les deux convenus du 11, ils arrivent à se rencontrer... Le père accepte la douceur et la féminité du fils, énergie 2 qui va lui permettre d'entrer en contact avec sa propre énergie 2. La porte est ouverte entre le père et le fils. C'est par amour pour ces deux êtres que Jean s'est fait sentir auprès de Marc. Ce dernier l'a accepté et l'échange a eu lieu.

Vous concevez ainsi que les êtres incarnés nous aident dans le visible, par le biais de nos énergies visibles pour l'essentiel ; les invisibles, eux, le font dans le subtil par les biais de nos énergies invisibles pour l'essentiel.

Nos rencontres nous proposent des miroirs à nous-mêmes, miroirs placés là pour notre évolution et notre bien-être. Cela est vécu aujourd'hui dans l'opposition et la guerre...

Il faut éliminer l'autre, prendre sa place, alors que l'accepter propose une plus vaste construction de soi-même et un bien-être grandissant.

Il est temps de changer notre état d'esprit ; soyons constructifs et ouverts et non destructeurs et fermés sur notre petit nombril et nos acquis.

Chapitre 5
Synthèse

Je vous propose, dans ce chapitre, de regrouper les différentes données, étudiées dans les chapitres précédents. Vous aurez ainsi une idée plus globale de la personnalité et de son devenir.

Exemple 1 : Marine née le 01/03/2000.

Date de naissance :	Energies Visibles :	Energies Invisibles :
1	**1. Le but.**	1 + 3 = 4
3	**3. Le moyen.**	1 + 2 = 3
2000	**2. L'héritage.**	3 + 2 = 5
	6. Le chemin de vie.	

Pour vivre sa vie, Marine dispose de deux palettes de couleurs : les énergies visibles les plus faciles d'accès, les énergies invisibles, les ressources cachées en elle ; chaque couleur de chaque palette possède une multitude de nuances ; la liberté de choisir la nuance appropriée - et la couleur elle-même - incombe à Marine seule.

La personnalité de Marine est d'abord animée par les énergies visibles : 1, 3, 2 et 6 qui font d'elle une femme généreuse, chaleureuse (3), humble (2) et créative (1)... un peu bavarde peut-être (6) ?... Mais elle est aussi animée des énergies 4, 3 et 5, invisibles. Elle est plus encore généreuse, accueillante et productive (3 répété), mais aussi persévérante voire têtue (4) et manifeste fantaisie et besoin de mouvement (5)... Toutes ces qualités et aptitudes apporteront plus d'épanouissement à Marine si elle concilie le métier d'écrivain (1 et 6) et celui de mère au foyer.

Nous voyons donc qu'il n'y a pas de défi au sens strict du terme, ni énergie ultime, ni énergie secrète, dans le scénario de vie de Marine mais toute sa vie est dans le devenir et dans l'utilisation de ses potentiels : le 4 (persévérance et toutes les qualités du 4), le 3 en tant qu'imagination créatrice et le 5, unissant les 3 plans lui proposeront de devenir un écrivain célèbre. Son but étant le 1, ses choix de vie passeront par des crises d'identité.

En 2005, Marine, née en 2000, a 5 ans.

Elle est en cycle d'individuation, dans sa première neuvaine : elle commence à forger sa personnalité.

Elle est âgée de 5 ans ; le chiffre 5 signifie : « libération, évolution ». Marine évolue sur cette trame de fond « 5 ».

Pour déterminer ce que représente l'année 2005 pour Marine, on additionne les chiffres de :

Son Jour de Naissance : **1**
Son Mois de Naissance : **3**
Année en cours : . . . . 2005 = 2 + 5 = . . . 7
Résultat : . . . . 11 = 1 + 1 = . . . **2**

2005 représente une année 2 pour Marine, une année de dualité, où des évènements indépendants de sa volonté peuvent se produire : par exemple, l'arrivée d'un petit frère ou d'une petite soeur... Il lui est demandé de trouver sa place. Elle doit intégrer, dans le silence de son inconscient, le bénéfice de ses quatre années précédentes de vie ; cette année représente une période difficile pour elle, où elle se sent contrainte à une certaine immobilité. Ce peut être l'époque du NON systématique et de l'opposition franche à Papa et Maman ! Une crise d'adolescence avant l'heure.

Cette année 2 débute un mois avant son quatrième anniversaire : elle ressentira les effets du 2 à partir du 1er Février 2005.

La vibration « 2 » de son année d'évolution s'inscrit sur la toile de fond « 5 » de son cycle d'individuation. Elle lui propose de résoudre ses dualités et oppositions (2) par un chemin d'évolution (5), en s'en libérant ; le mode libération choisi peut être le rire...

En outre, l'année 2005 est une année 7 (2 + 0 + 0 + 5 = 7) pour la planète. La Terre se remet en question ; elle s'agite pour retrouver une âme nouvelle. Elle emploie séismes, inondations, éruptions volcaniques, glissements de terrain... toute sorte de catastrophe naturelle, pour faire passer son message. A chacun de l'entendre et d'ouvrir son coeur pour enrichir son âme.

Cette vibration Universelle 7, s'allie au 5 et au 2. La poussée sur le chemin de l'évolution se fait plus forte pour Marine.

Exemple 2 : Marc, né le 30/3/1961.

Date de naissance :	Energies Visibles :
30	**3. Le but.**
3	**3. L'outil.**
1961	**8. L'héritage.**
	5. Le chemin de vie.

14, énergie ultime de 5
(3 + 3 + 8)
17, énergie secrète de 8
(1 + 9 + 6 + 1)

Energies Invisibles :

30 (jour) + 3 (mois) = **6**
3 (mois) + 8 (année) = 11 ultime de **2**
30 (jour) + 8 (année) = 11 ultime de **2**

Energies Invisibles par l'énergie secrète :

30 (jour) + 3 (mois) = **6**
30 (jour) + 17 (année) = **20**
3 (mois) + 17 (année) = **20**

L'énergie secrète introduit le 17, facteur chance et le 20, facteur d'éveil et de dynamisme ; cela sauvera Marc de ses hésitations et de ses dualités, renforcera sa capacité au changement (5).

Marc apparaît comme un homme extrêmement fort (8), doux et généreux, capable cependant par son dynamisme (20) et sa fantaisie de soulever des montagnes ; il fait référence et on vient facilement se confier à lui (14) car il sait écouter (2) et il est juste (11, 6). Il a de la chance (17) mais il sait la mériter car il est acteur se sa propre vie (8). Même s'il adore faire plaisir, - il a des difficultés à dire non - (11), il sait trancher (6).

Pour Marc, le défi est d'être soi-même : 11 plusieurs répété. Il doit concilier cela avec son but, le 3... énergie féminine. Il devra, plus que tout homme, laisser parler sa féminité. Ses énergies invisibles sont à la fois féminines (11 ,2), androgyne (20) et masculine (6).

Dans le visible (11, 2), comme dans l'invisible (8, 3), les énergies féminines dominent en nombre. Il émanera de lui : force, douceur et compréhension ; il sera ainsi un être de référence (14).

En 2005, Marc est âgé de : 2005 - 1961 = 44 ans.

A cet âge, on peut penser qu'il a construit une famille et qu'il exerce une activité professionnelle.

Il se trouve en cycle productif, puisqu'il a plus de 27 ans et moins de 54 ans, dans la deuxième neuvaine de ce cycle (27 ans du cycle d'individuation) + (9 ans et 8 ans du cycle de productivité). Il se trouve en année 8 de la deuxième neuvaine. La trame de fond proposée est une trame 8, donc conflictuelle... Quelques crises à résoudre... quelques petites mises au point sur les plans affectif et professionnel.

En quelle année d'évolution se situe-t-il ?

Jour de naissance :. . . 30 . . . . **.3**
Mois de naissance : . . 3. . . . . **.3**
Année en cours :. . . . 2005. 7
Total :. . . . . 3 + 3 + 7. . . . . 13 = 1 + 3 = **4**

L'année 2005 représente une année 4 pour Marc, une année de concrétisation de ses projets, mûris en année 2002, année 1 pour lui.

Cette année d'évolution 4 coïncide avec l'année 8 de la deuxième neuvaine du cycle productif où il se trouve :
Résoudre des crises affective et professionnelle sera la condition mise par le Destin pour l'aboutissement (4) de ses projets.

Marc a passé la crise des 33 ans et des 40 ans ; il se trouve ici en pleine possession de ses moyens pour passer à l'acte, en prenant les risques financiers liés au 8.

La vibration Universelle 7 de l'année 2005 le pousse à ouvrir son coeur. Ses projets aboutiront s'ils s'insèrent dans la dimension cosmique du 7.

Il sera sollicité pour cela à partir de fin Février 2005, un mois avant sa date anniversaire.

Exemple 3 : Zelma, née le 19/10/1971 :

Date de naissance :

19
10
1971

Energies Visibles :

1. Le but.
1. Le moyen.
9. L'héritage.
2. Le chemin de vie.

Energie ultime de 1, but : **19**
Energie ultime de 1, moyen : **10**

Energie secrète :

1 + 9 + 7 + 1 = **18**

Energies Invisibles :

1 (jour) + 1 (mois) = **2**
1 (jour) + 9 (année) = **1**
1 (mois) + 9 (année) = **1**

Energies invisibles, par les énergies ultimes :

Pour le 19 : 19 (jour) + 1 (mois) = **20**
19 (jour) + 9 (année) = 1 + 9 + 9 = **19**
Pour le 10 : 1 (jour) + 10 (mois) = **11**
10 (mois) + 9 (année) = **19**

N.B : Si on garde le 9 de l'année de naissance, on voit apparaître le 18, qui enrichit les données. Le calcul des énergies invisibles par le 18 n'apporte rien de plus.

La personnalité de Zelma s'éclaire d'un jour nouveau par les énergies 20, 11 et 19 répétées.

Le 20 lui prouve qu'elle est capable de changement rapide, le 11 qu'elle a un sens aigu de la justice. L'immobilisme conféré par le 11 sera balayé par le 20. Son énergie solaire 19 en sera renforcée.

Avec le 18 en héritage, on voit apparaître le problème fusionnel avec la maman qu'elle aura à régler dans cette vie.

Les défis posés sont : 11 et 19 : être soi et l'être dans le service, ce qui propose un champ d'actions plus vaste que ne le proposait le 1 du but à atteindre.

En résumé, Zelma est un être doué d'un fort rayonnement : 19 plusieurs fois répété dans le visible et l'invisible. Le 7, son chemin de vie lui opposera la modestie mais si elle choisit la voie juste (11) du service (9), elle sera inspirée (2) par l'au-delà pour rayonner le divin en elle (19 et 20).

En 2004, Zelma est âgée de : 2004 - 1971 = 33 ans ! Âge critique de mort à soi-même !

Zelma doit faire table rase de tous les systèmes de fonctionnement qu'elle a mis en place au cours des années précédentes. Une reconsidération des données de sa vie s'impose.

De plus, l'année 2004 est une année 8 pour Zelma !

Jour de naissance : . . . . . . 19 = 1 + 9 = 10 = ... **1**
Mois de naissance : . . . . . . 10 = 1 + 0 =. **1**
Année en cours 2004 : . . . . 2 + 0 + 0 + 4 = ... **6**
Total :. **8**

L'année 8 se marque par des crises, à la fois sur le plan affectif et sur le plan professionnel !!!

Probabilité de divorce, de licenciement pour l'année 8, remise en question personnelle pour la crise des 33 ans, pouvant s'accompagner de dépression ou de maladie grave...

La secousse est rude pour Zelma !!! Il s'agirait plutôt d'un tremblement de terre !

En 2005, Zelma est âgée de 34 ans.

Elle se trouve en année 9 :

Jour de naissance :	19	**1**
Mois de naissance :	10	**1**
Année en cours :	2005	7
Total :		**9**

Après les bouleversements de l'année précédente, Zelma fait le bilan ! « Rien de neuf en neuf » ! Heureusement pour elle ! Le repos du guerrier sera apprécié !

Cependant elle se trouve en année 5 de son cycle productif, première neuvaine. La toile de fond est 5 : bouleversement et évolution sur le plan du rapport social... Zelma vivra donc les retombées des secousses du séisme qui l'a bouleversée en 2004. Leur amplitude est moindre.

La vibration Universelle 7 lui propose de changer d'état d'esprit et d'ouvrir son coeur.

Exemple 4 : Pierre, né le 28/6/1955.

<u>Date de naissance :</u>

28
6
1955

<u>Energies visibles :</u>

1. Le but.
6. Le moyen.
2. L'héritage
9. Le chemin de vie.

Energie ultime 10 de 1 (jour)
Energie ultime 11 de 2 (année)

<u>Energie secrète 20 de 2 (année)</u>

<u>Energies Invisibles :</u>

1 (jour) + 6 (mois) = **7**
6 (mois) + 2 (année) = **8**
1 (jour) + 2 (année) = **3**

<u>Energies invisibles, par l'énergie secrète :</u>

20 (année) + 1 (jour) . . . . = **21**
20 (année) + 6 (mois) = 26 = 2 + 6 = **8, connue**

<u>Energies invisibles, par les énergies ultimes :</u>

10, le jour : 10 (jour) + 6 (mois) = **16**
10 (jour) + 2 (année) = **12**
11, l'année : 11 (année) + 6 (mois) = **17**
11 (année) + 1 (jour) = **12, connue**

Les énergies invisibles directement manifestées sont : 7, 8, 3 ; elles font partie de la première couche de potentiel que les événements de la vie vont révéler à Pierre : exigence, force et générosité. Plus profondément en lui est enfouie l'énergie 21, centrage ; avec elle, il retombera toujours sur ses pieds, d'autant plus qu'il est nanti de l'énergie 17. Il se révélera passionné et colérique (16) ou à l'extrême complètement mou et fuyant (12).

Elles ajouteront à sa personnalité de départ dont les facettes : 1, 6, 2, 9 ont déjà été étudiées.

Les défis posés découlent des 16, 1 devant le 6 ; 12, 1 devant le 2 ; 17, 1 devant le 7. Il a les énergies 6 et 2 dans le visible... Il est en opposition avec son héritage (2) et l'outil (6) qu'il s'est choisi ; ceci est générateur de fortes tensions intérieures qui le pousseront davantage encore à s'individualiser, et à réaliser le 1 son but.

Quant au 17, il trouve solution dans les énergies invisibles 7, pour l'opposition, 8 pour la transcendance du 17 (1 + 7). Il a, en lui, les solutions à ses difficultés. Elles renforceront son goût de vivre et de se battre (8), d'autant plus que né un 28, il doit manifester le 8 par le 2 : 8 : combat mais aussi puissance, Vie, 2 : repos mais aussi royaume des Morts !...

Heureusement, l'énergie 21, qu'il découvrira au fil du parcours le stabilisera... Avec le 17, tout tombera à point.

En 2004, Pierre est âgé de : 2004 - 1955 = 49 ans. 7 fois 7 années ! La fin du cycle d'un cycle d'évolution pour l'âme. Cette période de la vie est souvent imprégnée d'une certaine nostalgie... avec la conscience d'avoir acquis un certain bagage...

Pierre se trouve en fin du cycle productif, en année 5 de sa troisième neuvaine (54 - 49).

Cela peut coïncider avec une crise professionnelle marquée par un licenciement ou une mutation inopportune, avec nécessité d'une réorientation professionnelle, tournée vers le plaisir plus que vers le devoir, privilégié jusqu'alors.

En 2005, Pierre est âgé de : 2005 - 1955 = 50 ans. 5 fois 10 : 10, la nouvelle alliance avec le Divin lui est proposée pour la cinquième fois ! Va-t-il la saisir étant donné le bouleversement que cette année lui impose, car 2005 est une année 5 pour Pierre.

En effet, le calcul s'exprime comme suit :

Jour de naissance : . . . . . 28 = 2 + 8 = 10 = ... **1**
Mois de naissance : . . . . . 6. . . . . **6**
Année en cours 2005 : . . . 2 + 0 + 0 + 5 =. **7**
Total :. . . . . 1 + 6 + 7 = 14 = 1 + 4 = . **5**

Pierre avait pour objectif professionnel l'ouverture de chambres d'hôtes alors qu'il est avocat d'affaires ! Ses peurs l'avaient, jusque là, fait reculer ! (on le comprend !) Passera-t-il à l'acte ? Un événement porteur peut le pousser à agir en 2005, mais... il reste maître de sa décision !

Les effets de cette année 5 se feront sentir en mai 2005, un mois avant son anniversaire.

La vibration Universelle 7 est favorable à ses projets, s'ils s'inscrivent dans la dimension du coeur d'abord... et pas seulement dans celle de la rentabilité.

Exemple 5 : Patricia, née le 23/10/1950 :

Date de naissance :

23
10
1950

Energies visibles :

5. Le but.
1. Le moyen.
6. L'héritage.
3. Le chemin de vie.

Energie ultime 12 de 3 (5 + 1 + 6)
Energie ultime 10 de 1(mois)

Energie secrète 15 :
(1 + 9 + 5 + 0)

Energies invisibles :

5 (jour) + 1 (mois) = **6**
5 (jour) + 6 (année) = **11, ultime de 2** (1 + 1)
6 (année) + 1 (mois) = **7**

Energies invisibles, par l'énergie secrète :

1 (mois) + 15 (année) = **16**
5 (jour) + 15 (année) = **20**

Pour Patricia, l'énergie 15 éclaire sa personnalité du potentiel RIRE, moteur d'évolution le plus rapide.

Ses énergies invisibles 7 et 11, ultime de 2, font d'elle quelqu'un de secret (2) et d'intransigeant quoique doué d'humour.

16 et 20 lui proposent un rude tempérament.

Le 6, répété deux fois en invisible, constitue une aide à régler les problèmes de son karma, même si apparaît le 16 en défi.

D'un être superficiel, bavard, fantaisiste, généreux (cf. les énergies visibles), on passe à un être responsable (7), partageur (6) et secret (2), doté d'un dynamisme extraordinaire : 16 et 20 dans l'invisible, 10, dans le visible...

Une vraie tornade, cette Patricia, fantasque (5) et attachante (3).

Le 11 en défi dans l'invisible et le 1 dans le visible posent la difficulté et donnent la clé pour être soi.

En 2005, Patricia est âgée de : 2005 - 1950 = 55 ans.

A l'orée du cycle des moissons (27 ans pour le cycle d'individuation + 27 ans pour le cycle productif). Patricia se trouve en année 1 de ce cycle, et récolte ce qu'elle a semé durant les 54 années précédentes de vie.

L'année 2005 est, pour Patricia, une année d'évolution 4 :

Jour de naissance : . . . . .23. . . . . 2 + 3 = **5**
Mois de naissance : . . . . .10. . . . . 1 + 0 = **1**
Année 2005 : . . . . 2 + 0 + 0 + 5 = **7**
Total :. . . . . .5 + 1 + 7 = 13 = 1 + 3 = **4**

Outre le fait que 2005 soit une année de concrétisation et d'aboutissement pour Patricia, cela peut signifié que Patricia a véritablement commencé son cycle des moissons en 2002, année 1 pour elle :

Jour de naissance : . . . . .23. . . . .**5**
Mois de naissance : . . . . .10. . . . .**1**
Année 2002 : . . . . .2 + 0 + 0 + 2 . . . .**4**
Total :. . . . . 5 + 1 + 4 = 10 = **1**

Née en Octobre, elle l'a senti dès Septembre 2002 ; peut-être cela s'est-il marqué par le début de sa ménopause ?

Elle peut également avoir envisagé un départ en retraite anticipée en 2002, voir ses démarches prendre bonne tournure en 2004 (année 3 pour elle, année d'ouvertures et de projets), se concrétiser en 2005 (année 4 pour elle) pour aboutir à son départ effectif en 2006 (année 5 pour elle, synonyme de bouleversement).

En effet, si on reprend les calculs :

Pour 2004 :

Jour de naissance : . . . . 23 . . . . **5**
Mois de naissance : . . . . 10 . . . . **1**
Année 2004 : . . . . 2 + 4 . . . . **6**
Total :. . . . . 5 + 1 + 6 = 12 . . . . . . **3**

Pour 2006 :

Jour de naissance : . . . . 23 . . . . **5**
Mois de naissance : . . . . 10 . . . . **1**
Année 2006 : . . . . 2 + 6 . . . . **8**
Total :. **5**

La vibration Universelle 7 lui propose d'ouvrir son coeur : ...sera-t-elle grand-mère, donnera-t-elle de son temps, libre désormais, à des associations caritatives ?

Exemple 6 : Paul, né le 15/3/1950.

Date de naissance :

15
3
1950

Energies visibles :

6. Le but.
3. Le moyen.
6. L'héritage.
6. Le chemin de vie.

Energie ultime 15 de 6 :
jour et chemin de vie

Energie secrète :

15 (1 + 9 + 5 + 0)

Energies invisibles :

6 (jour) + 3 (mois) = **9**
6 (jour) + 6 (année) = **12, ultime de 3**
3 (mois) + 6 (année) = **9**

Energies invisibles, par l'énergie secrète 15 :

15 (année) + 6 (jour) = **21**
15 (année) + 3 (mois) = **18**

Energies invisibles, par l'énergie ultime du jour :

15 (jour) + 3 (mois) = **18**
15 (jour) + 6 (année) = **21**

On constate que la personnalité de Paul s'enrichit des énergies : 9, 12, 18 et 21 ; leur répétition insiste sur la nécessité que Paul a de les vivre : 9 le service, 12 l'ouverture sur les mondes invisibles, 18 la nécessité d'évolution par détachement de la mère dans l'amour et l'acceptation, 21 le centrage. L'humour (15), l'aidera à élargir ses horizons (3).

Les défis posés : 12, 18, 15 l'aideront :

12, 1 devant le 2 : regarder son propre inconscient.

18, 1 devant le 8 : exploiter sa capacité à se remettre en question et à se détacher.

15, 1 devant le 5 : sa peur du changement.

Le 6 et le 9, fortement représentés dans le visible et dans l'invisible insistent sur le partage et le service.

En 2005, Paul est âgé de : 2005 - 1950 = 55 ans.

Il se trouve, comme, Patricia, à l'orée du cycle des moissons, en année 1 de ce cycle.

L'année 2005 est pour lui une année :

Jour de naissance : . . 15 . . . . 1 + 5 = **6**
Mois de naissance : . . 3. . . . . **3**
Année 2005 : . . . . 2 + 0 + 0 + 5 = 7
Total :. . . . . .6 + 3 + 7 = 16 = 1 + 6 = 7

En année 7, Paul doit changer d'état d'esprit par une remise en question de ses valeurs personnelles. A 55 ans, beaucoup de problématiques se sont enkystées : cette remise en question est donc difficile.

La vibration 1 en toile de fond, en lui proposant un nouveau départ, le poussera dans cette voie.

La vibration Universelle 7 accentuera la poussée.

En 2008, année 1 pour lui :

Jour de naissance : . . 15 . . . . 1 + 5 = **6**
Mois de naissance : . . 3. . . . . **3**
Année 2008 : . . . . .2 + 0 + 0 + 8 = 10 = **1**
Total :. . . . . .6 + 3 + 1 = **1**

Alors âgé de 58 ans, il sera prêt pour un nouveau départ, une retraite éventuelle.

Si le législateur ne lui permet pas ce départ, il pourra l'envisager :

4 ans plus tard, en 2012, année 5 pour lui,
ou 7 ans plus tard, en 2015, année 8 pour lui,
ou 8 ans plus tard, en 2016, année 9 pour lui.

Tout dépend de ce que l'évènement : « retraite » signigie pour lui :

en année 5, la retraite est bouleversement profond,

en année 8, la retraite est crise, professionnelle et affective :

- Professionelle, elle signifie rupture avec possibilité de réinvestissement dans une nouvelle activité, plus plaisante et plus lucrative si on a su prendre des risques financiers.
- Affective, si elle favorise une vie de couple plus intense, alors que les habitudes ne l'avaient pas proposé durant la vie active.

En année 9, la retraite signifie : FIN d'une dure vie de labeur !

...Chacun crée sa vie à chaque instant... Ne l'oublions pas !

Exemple 7 : Alphonse, né le 27/01/1927 :

Date de naissance :

27
1
1927

Energies visibles :

9. Le but.
1. Le moyen.
1. L'héritage.
2. Le chemin de vie.

Energie ultime de 1 (année) 10

Energie secrète :

19 (1 + 9 + 2 + 7)

Energies Invisibles :

9 (jour) + 1 (mois) = **10, ultime de 1**
9 (jour) + 1 (année) = **10, ultime de 1**
1 (année) + 1 (mois) = **2**

Energies invisibles, par l'énergie secrète :

9 (jour) + 19 (année) = **19 ultime de 10**
1 (mois) + 19 (année) = **20**

Energies invisibles, par l'énergie ultime :

9 (jour) + 10 (année) = **19**
1 (mois) + 10 (année) = **11**

La personnalité d'Alphonse se trouve enrichie des énergies : 10, 19, 11 et 20 ; ce sont des énergies de dynamisme (10 et 20) et de rayonnement (19) qui vont l'aider à expandre ses énergies visibles. L'énergie 11 lui propose une remise en question permanente, ce qui peut renforcer son côté secret et introverti. Mais le 19, énergie solaire doit le pousser à sortir de lui-même, s'il le vit positivement ; sinon, il prendra un comportement autoritaire qui renforcera sa tendance au dessèchement (9).

Ses défis : 11, 10, 19 le ramènent à lui-même et à sa place par rapport à l'autre :

1 devant le1 : le regard de l'autre, 1 devant le 0 : soi devant le Divin, 1 devant le 9 : soi devant le service à l'autre.

En fait cela fait de lui un être assez torturé en perpétuel examen de conscience.

Alphonse, en 2004, est âgé de : 2004 - 1927 = 77 ans.

Onze fois sept années de vie : 11, l'équilibre, 7, la perfection. Alphonse ressent-il ces énergies comme apaisantes, à cette fin de parcours ?

Il est proche de la fin de son cycle des moissons ; ce cycle se termine, éventuellement, à l'âge de : 3 fois 27 années (durée de chaque cycle), soit 81 ans ; il se trouve dans la cinquième année de la dernière neuvaine.

L'année 2004 est, pour lui, une année d'évolution :

Jour de naissance : . . 27 . . . . 2 + 7 = 9 = **0**
Mois de naissance : . . 1 . . . . **1**
Année 2004 : . . . . 2 + 0 + 0 + 4 = **6**
Total : . . . . .0 + 1 + 6 = 7

Année 7 où le mot clé est « changement d'état d'esprit ».

Peut-on changer à 77 ans ?

En cette année 7, Alphonse s'entendra adresser reproches ou remerciements de la part de ses proches. Ces échanges peuvent être très positifs et pleins d'amour, puisqu'Alphonse a su se remettre en question toute sa vie (c.f. Supra). Si, au contraire, il a privilégié l'égoïsme (1) et le repli sur soi (2), ces échanges seront plus difficiles à gérer pour lui...

En 2005, Alphonse est âgé de 78 ans. Il est alors en année d'évolution 8 :

Jour de naissance : . . 27 . . . . **0**
Mois de naissance : . . 1 . . . . **1**
Année 2005 : . . . . .2 + 5 = 7
Total : **8**

A son âge, la crise professionnelle n'est plus d'actualité... Une crise existe cependant dans le domaine financier pour lui, elle est relative à la gestion de ses biens. Il peut avoir des soucis quant à la rédaction de son testament, ou quant au paiement de la pension de la maison de retraite où il finit ses jours. Dans cette dernière hypothèse, ses héritiers éventuellement sollicités pour son financement, peuvent l'accepter facilement ou difficilement... Quelque soit l'issue de la demande d'Alphonse, ce sera une épreuve sur le plan affectif pour son image et son orgueil dans tous les cas, doublée de rejet et d'abandon si les discussions prennent un ton âpre !

Si le testament est l'objet de litiges, amertume et désillusions sont au programme.

Dans le cas contraire, il aura la joie de faire le bonheur de ses proches.

La vibration Universelle 7 le pousse sur le chemin de l'ouverture du coeur.

On pourrait penser que la fin de la vie d'Alphonse est en année 9, année de tous les bilans et d'achèvement, soit en 2006 où Alphonse aura 79 ans... un âge somme toute raisonnable pour mourir... On peut le penser seulement... car nul ne connait ni le jour ni l'heure... ou si intimement que ce message est bien enfoui au tréfond de son âme.

Exemple 8 : Jean né le 10/08/1914 :

Date de naissance :	Energies visibles :
10	**1. Le but.**
8	**8. Le moyen.**
1914	**6. L'héritage.**
	6. Le chemin de vie.

Energie 10, ultime de 1 (jour)

Energie secrète 15

(1 + 9 + 1 + 4)

Energies invisibles :

1 (jour) + 8 (mois) = **9**
1 (jour) + 6 (année) = **7**
8 (mois) + 6 (année) = **14, ultime de 5**

Energies invisibles, par l'énergie ultime 10

10 (jour) + 8 (mois) = **18**
10 (jour) + 6 (année) = **16, ultime de 7**

Energies invisibles, par l'énergie secrète :

15 (année) + 1 (jour) = **16**
15 (année) + 8 (mois) = **5**

Si on considère son Energie Ultime 10 et son Energie secrète 15 :

10 . . . . . .jour + mois . . . 10 + 8 . . . . = **18**
8 . . . . .mois + année . . 8 + 15 = 23 = 2 + 3 . = **5**
15 . . . . . .année + jour . . 15 + 10 = 25 = 2 + 5. = **7**

La personnalité de Jean s'enrichit des énergies 9, 14, 7 puis de 18, 14,

16 et de 5 et 7. On peut dire qu'être au service (9) et un soutien pour autrui (14) élargira le champ proposé par des énergies visibles. En effet partant du 6 pour arriver au 1, il se recentre sur lui même ; le service (9) et le soutien (14) permettent l'échange avec l'extérieur et le construisent en le recentrant.

Le besoin fusionnel du 18 sera dépassé et intégré par la nécessité qu'il a de s'individualiser ; cela peut se faire dans la violence (16).

Il s'est proposé de nombreux défis sur son parcours :

14 : difficulté d'engagement.
18 : difficulté à la remise en question.
16 : difficulté de choix.

Mais l'énergie secrète 15 lui apporte l'humour dont il aura besoin pour se sortir des situations les plus conflictuelles.

En résumé, Jean est un joueur, partageur (15, 6) qui à force de travail (8) doit parvenir à s'individualiser en être unique (1). Son aide cosmique est le partage (6) et l'amour inconditionnel. Jean est aussi un être responsable et sérieux (7), faisant référence pour autrui. Avec fantaisie (5) et tonus (16, 8) il saura par le service (9) devenir lui-même (18). A la fois doux (18) et emporté (16), secret (9) et beau parleur (6), il rira de lui-même (15). Son humour lui permettra de gérer facilement ses oppositions intérieures.

En 2004, Jean est âgé de : 2004 - 1914 = 90 ans.

Il est au-delà du cycle des moissons, proche de la fin de sa vie terrestre.

90 : le 9 de l'accomplissement et le 10 du retour au Divin : ces chiffres marquent la fin d'un programme de vie et le commencement d'un autre : la mort physique dont se rapproche Jean.

Si 2004 représente une année d'évolution :

Jour de naissance : . . . . 10 = 1 + 0 = **1**
Mois de naissance : **8**
Année 2004 : . . . . 2 + 0 + 0 + 4 = **6**
Total :. 1 + 8 + 6 = **6**

L'année 6, outre qu'elle permet d'intégrer les bouleversements de l'année précédente (5), met aussi l'accent sur la communication et la nécessité de faire des choix ; qui dit choix, dit tri et mise en ordre... Peut-être Jean rédige-t-il son testament... au mieux de ses héritiers, en faisant le tri de ses souvenirs ?

L'année 2005 représente une année d'évolution 7 :

Jour de naissance : . . 10 . . . . **1**
Mois de naissance : **8**
Année 2005 : 7
Total :. 7

Jean doit, tout comme Alphonse, changer d'état d'esprit... Le 7 est propice à la mutation de l'âme ! Jean choisira-t-il LA MUTATION, par excellence ici bas... l'abandon de son corps physique... la chrysalide pour le Papillon ?
Il s'y prépare.

En conclusion, cette étude, peut-être un peu fastidieuse, élargit encore vos perpectives sur... l'abondance et l'infini des ressources de la personnalité humaine... et... j'ai laissé à votre imaginaire et à vos perceptions la joie d'en découvrir plus !

En outre, j'ai essayé de vous montrer que chacun possède, enfouies mais accessibles, toutes les clés pour résoudre ses problématiques... en interaction permanente avec l'univers visible et invisible.

Conclusion

Cette méthode doit vous permettre de :

1. SAVOIR QUI VOUS ETES et donc de vous guider dans vos choix professionnels.

2. COMPRENDRE les événements de votre vie et ainsi prendre conscience de votre force et de votre capacité à les gérer. Ceci doit vous conduire à vous PARDONNER ce que vous appeliez vos erreurs et vos échecs, car ils ne sont que tests porteurs de cadeaux... Il vous faut maintenant apprendre à reconnaître ces cadeaux.

3. VOUS AIMER TEL QUE VOUS ETES avec vos forces et vos faiblesses, lesquelles sont toujours complémentaires. Vous avez les qualités de vos défauts, vous êtes un être unique et irremplaçable.

4. ACCEPTER VOTRE HISTOIRE PERSONNELLE, et... de ce fait, **VIDER** vos **comptes-en-cieux** surtout avec votre père et votre mère.

Ils sont ceux dont vous avez besoin pour vous réaliser et non ceux que vous auriez aimés avoir... « on n'est jamais aimé comme on l'aurait voulu » !

Il est important de faire ses comptes dans le plan incarné, tant que vous êtes « vivant ».

Il n'y a que dans ce plan là que vous pouvez agir et que vous aurez réponse à vos questions et reproches. Il faut le faire maintenant et ne pas attendre d'être sur son lit de mort pour cela. La précipitation et l'urgence nuisent à la sérénité, état le plus propice pour le passage dans l'autre monde. Vous savez au plus profond de vous, même si vous vous en défendez, que la « **MORT N'EXISTE PAS** ». La vie continue sans l'enveloppe du corps physique.

5. VOUS IMPREGNER DU DIVIN QUI EST EN VOUS. Vous êtes une créature lumineuse, qui descend dans l'incarnation pour expérimenter tous ses potentiels, qu'ils soient ombre ou qu'ils soient lumière. Cette dualité, mi-ange, mi-bête vous confère votre liberté de choix. Cette liberté, vous la vivez à chaque moment de votre existence, dès l'instant où vous décidez de vous individualiser du Grand Tout dont vous êtes issu. Vous descendez dans l'incarnation pour l'amour de vos semblables, pour le donner et le recevoir. Votre date de naissance manifeste vos « pote-en ciel » dans les plans visibles et invisibles. Votre scénario de vie crée la trame où vous évoluerez. Elle vous permettra de grandir, de vous enrichir d'expériences et de retourner à la Lumière, plus grand que vous n'étiez quand vous en êtes sorti, tout cela grâce à un merveilleux moteur :

L'AMOUR, RESPECT DE VOUS-MEME ET DE L'AUTRE.

Bibliographie

« *ALLIANCE DE FEU* », A. De Souzenelle, Ed. Albin Michel.

« *L'AUTRE COTE DE LA MORT* », C.W. Leadbeater, Ed. Adyar.

« *LES CHAKRAS* », C.W. Leadbeater, Ed. Adyar.

« *COURS ESOTERIQUE DE KABBALE* », S. Aun Weor, Coll. Urania.

« *LA DOCTRINE SECRETE DU TAROT* », P. Foster Case, Ed. Séphir.

« *LE FEU DU DEDANS* », C. Castaneda, Témoins-Gallimard.

« *L'HOMME ET SES CORPS* », A. Besant, Ed Adyar.

« *L'HOMME ET SES SYMBOLES* », C. G. Jung, Ed. Laffont.

« *LA MARELLE* », G. De Sorval, Ed. Dervy livres.

« *MEDITATION SUR LES 22 ARCANES MAJEURES* », Auteur anonyme, Ed. Aubier.

« *LES NOMBRES ET LEURS FONDEMENTS SPIRITUELS* », E.Blindel, Science de l'esprit.

« *LES NOMBRES SACRES ET L'ORIGINE DES RELIGIONS* », M. H. Gobert, Ed. Stock.

« *LE TAROT DES BOHEMIENS* », Dr G. D'Encausse, Ed. Dangles.

« *LA TRADITION CACHEE DES CATHEDRALES* », J.B. Bayard, Ed. Dangles.

« *MA VIE* », C.G. Jung, Ed. Gallimard.

« *LA VIE APRES LA VIE* », Dr R. Moody, Aventures mystérieuses.

« *LA VIE SECRETE DES CHIFFRES* », K.Quinn Avery, Ed. L'Etincelle.

« *DERNIERES NOUVELLES DU COSMOS* », H. Reeves, Ed. Du Seuil.

« *LA PREMIERE SECONDE* », H. Reeves, Ed. Du Seuil.

Table des matières

L'impression de cet ouvrage
a été réalisée par Jouve
11, bd de Sébastopol, 75001 PARIS (France)

pour le compte des Éditions DANGLES
18, rue Lavoisier – 45800 SAINT-JEAN-DE-BRAYE (France)

Dépôt légal Éditeur mai 2005 – Imprimeur n° 373260Z

Achevé d'imprimer en mai 2005